刘文 著

股权架构与股权激励

一本书读懂

中国铁道出版社有限公司
CHINA RAILWAY PUBLISHING HOUSE CO., LTD.

图书在版编目（CIP）数据

一本书读懂股权架构与股权激励 / 刘文著. — 北京:
中国铁道出版社有限公司，2021.11
ISBN 978-7-113-28079-6

Ⅰ.①—… Ⅱ.①刘… Ⅲ.①股权管理 ②股权激励
Ⅳ.①F271.2 ②F272.923

中国版本图书馆CIP数据核字(2021)第120086号

书　　名：一本书读懂股权架构与股权激励
　　　　　YIBENSHU DUDONG GUQUAN JIAGOU YU GUQUAN JILI
作　　者：刘　文

责任编辑：乔建华　　　　　　　电话：（010）51873005
封面设计：刘　莎
责任校对：苗　丹
责任印制：赵星辰

出版发行：中国铁道出版社有限公司（100054，北京市西城区右安门西街8号）
印　　刷：三河市宏盛印务有限公司
版　　次：2021 年 11 月第 1 版　2021 年 11 月第 1 次印刷
开　　本：710 mm×1 000 mm 1/16　印张：15　字数：215千
书　　号：ISBN 978-7-113-28079-6
定　　价：59.00元

序　言

对于一个创业者来说，他手中最值钱的资产是公司的股权，而最不值钱的资产也是公司的股权。这种表述看似矛盾，但这也恰恰是股权的魅力所在。

在当前的商业市场中，股权所带来的财富效应是显而易见的，那些位列财富排行榜上的企业家，无一不是手握股权。在大公司工作的年轻人，每天加班、不辞辛劳地工作，也多是为了让手中的股权更值钱。相比于每月的工资，手中的股权才是他们实现财富自由的重要筹码。

对于一家公司来说，股权管理是一项重要议题。从股权架构设计到股权激励、股权融资，再到股权风险控制，是一个系统而复杂的工作，关乎着公司的生存与发展。

其中，股权架构设计是一种贯穿公司各个层级的架构体系，而一套成熟可调整的股权架构体系，是公司持续发展的动力，也是公司维持稳定的保障。

创业者在创办一家公司后，首先要做的工作便是设计公司的股权架构。在这个过程中，他需要面对出资人股权分配的问题，同时也要解决公司控制权保障的问题。在股权架构设计之初，创业者还需要为以后的股权激励和股权融资留出空间，处理好预留期权池和股权稀释等问题。更为重要的是，创业者在整个过程中，还需要随时警惕股权管理风险的出现。

可以看出，股权架构设计是一项庞杂且系统的工作，对于创业者来说，想要做好这项工作似乎并不简单。

为此，本书在介绍股权管理相关知识时，采用了循序渐进的方式，从最为基础的股权开始讲起，逐渐过渡到股权架构设计、股权激励、股权融资、股权转让等诸多环节，最后将股权管理中可能涉及的诸多风险一一列出，形成一个完整的股权管理闭环，让创业者系统地了解股权管理的全部内容。

其中，第一篇主要讲的是股权管理的基础内容，介绍股权是什么，股权架构设计的意义以及一些常见的股权架构设计误区。作为本书的开篇，本篇主要以知识性内容的讲解和案例分析为主，目的是让读者对股权管理有一个基础的认知。

第二篇主要讲的是股权架构设计的实操内容，介绍股权架构设计的类型，股权架构设计中的控制权保护，股权架构设计的约束与考核机制等内容。本篇主要从实操角度介绍股权架构设计，使读者更好地了解股权架构设计各方面的内容。

第三篇主要讲的是股权激励的内容，介绍股权激励是什么，股权激励的实操方法以及股权激励的常见问题。

第四篇主要讲的是股权融资和股权转让的内容，介绍股权融资的具体操作流程以及股权转让的不同形式与问题。

第五篇主要讲的是股权管理风险的内容，是对股权管理中可能出现的各类问题的一个总结，比如，股权架构设计中的风险，股权激励和股权融资中的风险以及股权管理本身所面临的合规风险、税务风险和刑事风险。除介绍风险外，本篇还为规避各种风险提供了一些基本方法。

如果说有哪一项工作可以对公司各个部门造成影响，非股权管理工作莫属。好的股权管理可以让公司更快速地发展，让出资人更积极地参与公司事务管理，让员工更加努力工作。

本书所讲的股权管理，从理论出发，针对一些特殊案例所总结的实践经验。没有最好的股权管理方法，只有最适合的股权管理方法。创业者需要结合公司的具体实际，去探索更为适合自身的股权管理方法，这样才能为公司插上"腾飞的翅膀"。

目　录

第四章　股权架构设计核心——控制权保护

第五章　股权管理中约束与考核

第六章　未雨绸缪，做好股权异动管理

第三篇　股权激励应知应会

第七章　认识股权激励

第八章　股权激励的应用实操

第九章　股权激励中的常见问题

第四篇　股权融资和股权转让

第十章　股权融资——以股权换资本

第五篇　股权管理中的风险管理

附录：我国司法对于"对赌协议"的解释

1

亲兄弟明算账：股权管理应知应会

第一章　创业时代，更是股权时代

● 第一节　创业时代，你需要联合创始人

> 一句话干货：
>
> 　　优秀的联合创始人是创业成功的保障，古往今来皆是如此。想要成功创业，就要找到"优势互补、意气相投"的联合创始人。

　　现在的市场，风很大，水很急，这对创业者来说，机遇和挑战并存。选对了方向可以顺风而行，选错了方向，寸步难行，还有可能跌得粉身碎骨。

　　现在是最好的时代，也是变化最快的时代，因为你不知道未来走向何方。在"大众创业，万众创新"的时代，想要保证创业高概率成功，选联合创始人是一件很重要的事情。

　　关于这一点，我们可以从中国几千年来的历史典故中窥探一二。

　　秦朝末年，农民起义风起云涌。在反秦大军中，有两支团队格外引人注目，一支是由刘邦率领的草根起义军团队，另一支则是由项羽领衔的贵族起义军团队。

　　从社会学角度来讲，这两支团队的目标是摆脱压迫、追求自由。从管理学角度来讲，这两支团队则是在破除万难、艰苦创业。结合历史事实可以知道，推翻秦王朝后，两支创业团队展开了巅峰对决，最终刘邦团队笑到了最后，成功创立了大汉王朝，并存续四百多年。

为何刘邦团队能够战胜项羽团队？对此，每个历史学家都有自己独到的见解，而在管理学家眼中，选对创业团队无疑是刘邦克敌制胜的关键。

在刘邦团队中，有战略顾问张良，有总经理萧何，有市场总监韩信，有专注营销的郦食其和陈平，还有如樊哙、周勃等能干苦活累活的高级员工。拥有这些优秀的合作者后，刘邦只需要在整体上把控好大局，在董事会议上分配好工作就行了。放在现在，这可以说是一个完美的创业团队配置。

反观项羽团队，楚霸王虽有万夫不当之勇，能够身兼数职，但其团队中仅有战略顾问范增算是称职，团队核心项庄和项伯，一个业务能力不足，一个商业头脑不够，都难当大任。由此来看，项羽团队的失败也是理所当然了。

在这两支团队的多次对决中，虽互有胜负，但刘邦团队的后劲更足，这也是最后刘邦击败项羽的重要原因。

从管理学角度来看，中国历史上的各个帝王在上位之前，都拥有自己的创业团队。秦始皇嬴政有自己的团队，唐太宗李世民有自己的团队，明太祖朱元璋也有自己的团队。他们能够登上帝位，开创一番事业，多取决于团队成员的共同努力。只依靠自己努力，想要在乱世中获得一席之地很难，更别说扫平六合、一统江山了。

历史上的创业团队，大多在"打天下"时发挥了重要作用，到了"守天下"时，结果却都不那么好。江山平定后，身居高位的领导者可以依靠强权控制天下，但在现代，团队领导者即使能力再强，也无法独当一面。这是现在的创业者需要深刻反思的。

现在我们生活的时代，信息呈爆炸性增长，各个学科的细分程度极高，百科全书式的人物已不复存在。虽然依靠智能机器，人们可以迅速获得巨量数据信息，但正是这巨量的数据信息，真假让人无法分辨。由此，在当今社会，创业者想要成功创业，就必须找到合适的联合创始人。

那么，什么样的人才算是合适的联合创始人呢？

这并没有放之四海皆准的正确答案，应该由创业者自问自答。在提出这样的问题时，创业者不妨思考一下，自己是什么性格的人。思考清楚这个问题后，以"优势互补"为原则，创业者应当知道该寻找什么样的人作

优势互补的联合创始人团队

图解页 **01** ┃ 创业过程中的团队成员，要重视联合创始人在能力和性格上的多样性，以达到初始人力资源的优势互补。

行动者	战略家	管理者	开拓者
擅长高效执行战略，完成布置好的工作	擅长从大局着眼，规划公司发展战略	擅长管理创业团队以及安排公司工作	擅长开发社会资源，为公司创造良好的外部环境

奋斗者

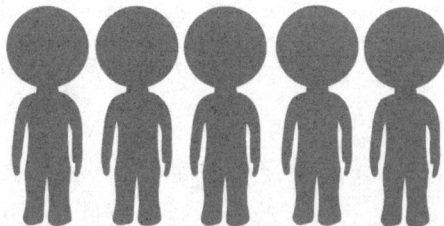

公司发展的主要推动力量，是创业团队中的攻坚克难的先锋队，同时也是公司股权分配的后备力量，是后期公司股权激励的主要对象

◎ 解析：在选择联合创始人之前，创业者需要先对自己的能力水平有一个清醒的认知。之后，再去寻找与自己在能力、性格上相互补充的人，即通过观点的交流与探讨，来决定是否值得与这些人进行股权合作。

为联合创始人。

一般来说，如果创业者自己是一个"战略家"，擅长从大局着眼，规划公司发展战略，那他一定需要一个"行动者"作为联合创始人，只有这样，他所规划的大局战略，才有人去高效执行，才能产生良好效果。

如果创业者没有选择一个"行动者"合作，而是选择了一个"战略家"合作，好的情况可能是两个"战略家"制定出了更为完善的公司发展战略，而坏的情况则是没人能够有效执行发展战略。最终结果，两个"战略家"无论怎样折腾，也只是纸上谈兵了。

除了"行动者"外，"战略家"还需要"管理者"和"开拓者"。"管理者"主要负责创业团队的管理，包括构建创业文化、凝聚创业团队等工作，而"开拓者"主要负责社会资源的开发，为创业团队创造良好的外部环境。

上面提到的联合创始人配置，只是一种简单的股权模型，创业者在寻找联合创始人时，需要从自身角度出发，坚持"优势互补"的原则。这种"优势互补"不应只局限在知识和能力方面，创业者还需要在合作者的性格和脾气秉性方面多加考量。

● 第二节　股权与股权分配

一句话干货：

维系联合创始人亲密关系的不是感情，而是利益，而合理分配股权，正是维系各方利益最好的手段。

人们常常用蛋糕来作比喻，强调公司的股权是一块大蛋糕，进行股权分配就是分蛋糕。

这种比喻简单、通俗，但并不完美，且不说股权比蛋糕"美味"得多，股权分配也并非切分蛋糕那样简单。

从严格意义上来讲，股权有广义和狭义之分，从广义方面来讲，股权是指股东可以向公司所主张的各种权利；而从狭义方面来讲，股权主要是指股东因股东资格而享有的从公司获得经济利益和对公司进行经营管理的权利，既包括分红权、表决权、建议权、选举权，也包括转让权、退出权、继承权，更有请求解散公司、关联交易审查和决议撤销等权利。这样看来，股权所包含的内容丰富多了，显然不是用一个蛋糕就能说清楚其中的关系。

在初创公司中，股权直接代表着股东在公司中的股权比例，而股东所持有股权比例的大小，又直接影响着股东在公司的话语权和控制权。另外，股东手中的股权也是确定分红比例的主要依据。对创业者来说，深刻理解股权所包含的内容，对创业成败具有至关重要的作用。

既然股权具有如此重要的作用，创业者将股权牢牢握在手中不就好了？既不用担心在公司中失去话语权，也不用担心被别人抢走自己的公司。

其实不然，股权是权利，也是利益，能全部握在自己手中固然是好，但很多时候，这种权利与利益是与公司业绩水平挂钩的。这也是为什么常有人说"股权是公司最有价值的资产，同时也是公司最没有价值的资产"的原因。

初创公司的股权价值普遍较低，这是因为初创公司自身的实力与发展前景，还没有得到市场的认可。当初创公司进入迅速发展阶段后，初创公司的股权价值将会显著提高。如果初创公司能够持续保持高速发展的态势，公司的股权价值就会持续升高。如果初创公司经营不善，发展速度持续减缓，公司的股权价值就会持续降低。

这样来看，初创公司股东手中的股权，只有在初创公司获得较大发展时才会有价值。因此，手握股权的股东就需要努力推动初创公司发展，从而获得相应的股权收益。

从另一方面来讲，如果创业者个人独握股权，其他联合创始人就会因为缺少股权激励而没有动力，公司发展就会变缓，甚至出现衰退，这时创业者手中拥有的股权便会逐渐失去价值。

因此，创业者不仅要知道股权的重要性，而且要了解股权分配的重要意义。蛋糕如果切分的不均等，分到较少蛋糕的人自然不开心。股权分配

股权是一众权利的集合

图解页 **02** ｜股权是股东可以让公司主张的各种权利，既包括股东从公司获得经济利益的权利，也包括股东参与公司经营管理的权利。

> 有限责任公司的股东有权查阅和复制公司章程、股东会会议记录、董事会会议决议、监事会会议决议和财务会计报告

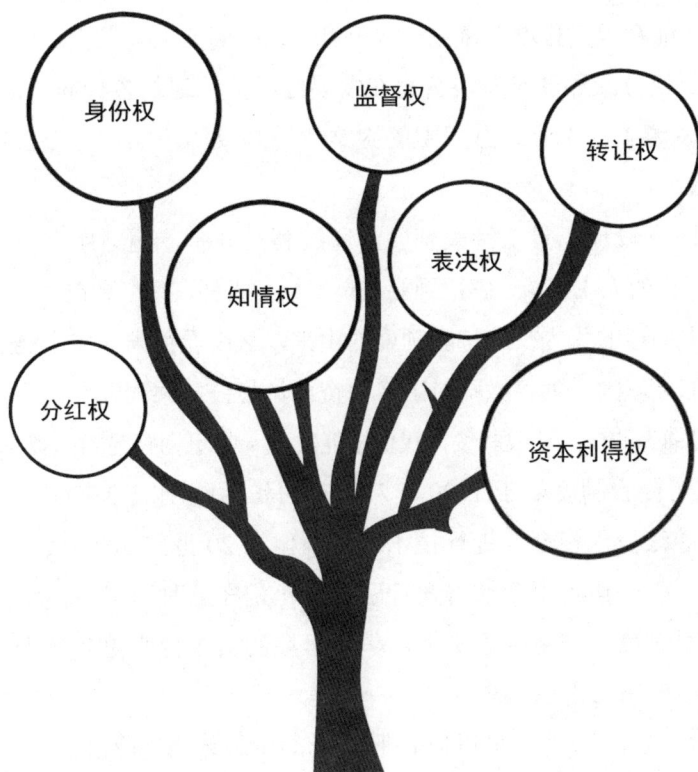

身份权

监督权

转让权

知情权

表决权

分红权

资本利得权

◎ 解析：有限责任公司成立后，应当向股东签发出资证明书，同时还应置备股东名册，记载股东名册的股东，可以依股东名册主张行使股东权利。

也一样，不合理的股权分配，不仅会让少分股权的人不开心，还会影响公司的长远发展。

如前所说，股权分配的一个直接而重要的意义是让分配到股权的联合创始人，能够融入公司发展中，为公司发展贡献自己的全部力量。

从本质上来讲，股权分配是为了将公司创始人、公司高管、公司投资者和公司员工紧密维系在一起，以此来协调和激励参与公司未来事务发展的各方成员，实现各方成员从"利益共同体"向"命运共同体"转化。

在公司初创阶段，合理分配联合创始人的股权，可以让每一个联合创始人认识自己在公司中的作用和价值，协调各方更好地开展工作。做好创业初期的股权分配工作，能在很大程度上避免一些不可预知的商业风险发生。

此外，合理的股权分配还能够解决公司在发展过程中出现的各种问题，如员工间的矛盾、资源上的不足、融资中的困难和控制权的争端，保障公司健康稳定地发展。

"我创建公司时，设计了员工持股制度，通过利益分享，团结所有员工……我仅凭自己过去的人生挫折，感悟到要与员工分担责任，分享利益。"这是任正非在文章中描述的华为员工持股制度的由来，从中看得出，华为实行员工持股制度，部分原因是为了激励员工努力奋斗，与公司共同发展，共享利益。而仔细研究华为的员工持股制度，我们还能发现一些更为有趣的内容。

华为最初的员工持股制度始于 1990 年，这时的华为刚刚成立三年，市场还没有打开，继续投入资金，进行技术研发。但在 20 世纪 90 年代的中国，像华为这种初创公司，很难获得银行融资。正是在这种背景下，华为才推出了员工持股制度，在某种意义上，华为早期的员工持股更多是为了融资需要，激励的意味要稍小一些。

从 1990 年开始，华为的员工可以以每股 1 元的价格购入华为股票，一些华为参与的合资公司的员工，也可以获得认购资格。这一时期，购买了华为股票的内部员工，并不享有《公司法》中规定的较多的股东权利，只享有分红权。员工在退出公司时，公司也会以员工认购股票之时的价格回购股票。

获得收益是实实在在的，但员工并不会因此成为公司股东，在股权分配方面，这是一种十分正确的操作。试想，如果让拥有认购资格的员工都成为华为的股东，不仅会造成股权分散的局面，还有可能影响公司的正常运转。

到了2001年，华为开始进行员工持股制度改革，即"虚拟受限股"制度改革。虚拟受限股是华为工会授予员工的一种特殊股票，员工需要按照公司当年净资产价格购买虚拟股。

员工对公司的贡献，是决定员工认购虚拟股份数的重要指标。拥有虚拟股的员工在享有一定分红权的同时，还享有虚拟股对应公司净资产增值部分的收益，但与最初的员工持股制度一样，持有虚拟股的员工同样没有表决权等股东权利。

可以看出，"虚拟受限股"制度的改革增加了股权激励的力度，在不影响公司股权架构的同时，为员工让渡更多股权收益，进一步激发了员工的奋斗热情。

这种虚拟股分配以员工能力水平和对公司的贡献为依据，将员工利益与公司利益相捆绑，是一种公司与员工双赢的股权分配方案。但这种方案依然存在一些显见的问题，其中最为主要的就是拥有较多虚拟股员工会因为累积了巨量财富而失去进取心和奋斗热情。

为了克服这一问题，华为在2008年对"虚拟受限股"制度进行了一些小的调整，设置了员工配股上限，每一级别的员工达到配股上限后，将不会再获得新的配股资格。

这一新的规定对已经持有较多虚拟股的老员工来说自然是不利的，但对于新员工，尤其是拥有奋斗热情和工作能力的新员工则是一种新的激励。这种做法在一定程度上推动华为员工的新老交替，为公司未来发展提供无限潜力。

当然，从严格意义上来讲，华为的"虚拟受限股"制度与公司股权并没有太大关系，员工持有的只是一种虚拟的分红凭证，并不是华为公司的股权。

与员工持有的巨量虚拟股不同，任正非手中持有的1.01%的股权，才是真正意义上的公司股权。他也正是凭借这些股权，牢牢地掌握华为的控制权。

● 第三节　股权是创业者的王牌

> 一句话干货：
>
> 　　股权是一众权利的集合，而这一众权利，正是创业者治理好公司，获得财富收益的重要依靠。

　　股权并不是一种单一权利，而是其他一众权利的集合。在股权的背后，隐藏着一系列股东对公司的权利，根据不同的划分方法，这些权利可以划分为不同类别，但不论如何划分，这些权利都是创业者治理公司的重要依靠。

　　在这些众多权利中，身份权是创业者创立公司后拥有的最为基础，也最为重要的一项权利。如果没有身份权，其他各项权利也就失去了存在的基础。

　　当创业者成立公司后，公司便具有了独立的法人资格，此时创业者拥有公司的所有权，因其资金出资或技术出资而同时获得了公司的股东资格和身份权。

　　看上去，创业者出资获得公司的股东资格和身份权，是顺理成章的事情，但很多创业者往往因为忽略了身份权的认定，导致自己的利益受到损害。

　　根据《公司法》规定，有限责任公司成立后，应向股东签发出资证明书，以此来证明出资人的股东权利。这是公司应尽的义务，创业者应该做好这方面的工作。

　　多个创业者共同创业时，无论自己资金出资，还是技术出资，一定要保证公司为自己签发出资证明书。在一些现实案例中，很多创业者都因为身份权意识淡薄，选择以口头承诺的方式约定身份权。在公司发展初期时，没有什么问题，但当公司发展起来后，矛盾纠纷便不断发生，不少创业者因此被扫地出门，遭到严重的利益损失。

　　只有创业者的身份权得到证明后，其他权利的实现才有保障。除身份权之外，财产权也是股权中的一项重要权利。

相比于身份权，大多数创业者会更关注财产权，因为这涉及最为直接的资产收益，创业者选择出资创业，也正是为了获得丰厚的利润回报。

之所以说财产权是一项权利，是因为它还可以具体细分为分红权、资本利得权和剩余财产索取权等。其中，分红权和资产利得权是对创业者最为重要的财产权利。

分红权与公司的利润挂钩，公司获得的利润越多，给各个股东的分红也会相应多一些。在没有特殊约定的情况下，股东间的分红比例按照实缴出资来确定，但有特殊约定时，需要根据全体股东的具体约定来确定。

资本利得权有别于分红权，它是股权的增值收益权。简单来说，一家初创公司的市场估值是 100 万元，而到了第二年，这家初创公司的市场估值达到了 1 000 万元。这样一来，创业者手中的股权份额会随之增长，创业者也会由此获得相应的收益。

在身份权和财产权之外，股权中另一项较为重要的权利是公司治理权，它与财产权一样，包含了一些具体的细分权利，如表决权、知情权、监督权、关联交易审查权、召集临时股东大会权、决议撤销权和退出权等。

在公司治理权中，创业者最应该关注的是对公司的控制权，在一个体系结构完善的现代公司中，股东会、董事会、监事会和管理层共同构成了公司治理体系。创业者想要实现对公司的控制，首先要实现对这"三会一层"的控制。

股东需要通过参与股东会，来行使表决权，如果大多数股东与创业者的意见不一致，创业者就没法执行自己的意见。如果创业者能够成功控制股东会，他就可以将自己的意见顺利转化为公司意见。通过控制股东会来实现对公司的控制，也是一种最为基础的控制公司的手段。

在表决权之外，创业者还可以通过股东会来行使选择和监督管理者的权利。创业者可以通过股东会来选举董事和监事，然后再通过董事会选择管理层，最后再让监事会来监督董事会和管理层。

知情权主要是指公司股东有查阅、复制公司章程、股东会会议记录、

股权是创业者的王牌

图解页 **03** 　股权是创业者参与公司经营管理，分享公司发展成果的重要凭证。创业者想要治理好公司，并获取财富收益，就要运用好自己手中的股权。

　　财产权是一项权利的集合，其还可以具体细分为分红权、资本利得权和剩余财产索取权等权利。其中，分红权和资产利得权是对创业者最为重要的财产权利。

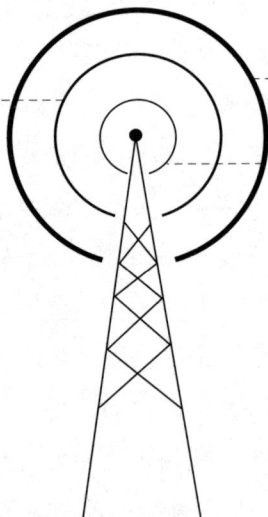

　　身份权是创业者拥有的最为基础，也是最为重要的一项权利。当创业者成立公司后，公司便具有了独立的法人资格，此时创业者拥有公司的所有权，因其资金出资或技术出资的行为，而同时获得了公司的股东资格和身份权。

　　公司治理权，与财产权一样，包含了一些具体的细分权利，如表决权、知情权、监督权、关联交易审查权、召集临时股东大会权、决议撤销权和退出权等。

　　◎ 解析：对于创业者来说，公司治理权的重要性要稍高于身份权和财产权，它关乎创业者对公司的掌控问题，如果失去了对公司的控制权，身份权与财产权也就没有存在的意义了。

董事会会议决议、监事会会议决议和财务会计报告的权利。当然，行使这一权利时要按照一定程序进行，并不是每个股东都能直接查阅的。

对于创业者来说，公司治理权的重要性要稍高于身份权和财产权，因为其关乎创业者对公司的掌控问题。在公司的日常治理中，创业者需要时刻运用这些权利，来实现公司重大决策的施行。

腾讯作为中国互联网公司中的翘楚，20多年的发展历程堪称精彩，在这段历程中，创始人手中的股权价值不断增长，在帮助公司克服困难方面，发挥了重要作用。

腾讯的创始人主要有马化腾、张志东、曾李青、许晨晔和陈一丹，五个出资人一共凑了50万元，这是当时成立公司的最低门槛。其中，马化腾出资23.75万元，占股47.5%；张志东出资10万元，占股20%；曾李青出资6.25万元，占股12.5%；许晨晔和陈一丹各出资5万元，各占股10%。

这种股权架构设计，一方面马化腾作为最大股东，具有较大的话语权，而另一方面，其他几个出资人的股权加在一起，会比马化腾多一些，在一定程度上会对马化腾形成制约，防止出现一人垄断公司控制权的问题。

在成立之初，马化腾等五个创始人持有腾讯100%的股份。这一时期，腾讯的OICQ软件在推出市场后，获得了广泛好评，用户量呈指数级增长，由此带来的服务器托管费用让腾讯入不敷出。没有合适的盈利模式，马化腾等人只剩下股权融资这一条路可走。

彼时中国的融资市场并不像现在这样，遍地都是天使投资人在"撒钱"，当时腾讯是历尽万难才找到IDG和盈科数码来投资。完成第一笔融资后，腾讯的股权结构变成马化腾等创始人持股60%，而IDG和盈科数码各持股20%的情况。

拿到第一笔融资的腾讯依然没有找到自己的盈利模式，而OICQ的用户数量依然在巨量增长。以当时的情况来看，腾讯创始人团队要么卖掉公司，以手中的股权换来利益回报，要么继续融资，继续寻找盈利模式。

马化腾等人确实考虑过卖掉公司，但由于当时资本市场并不景气，导致没有人愿意接手。这样一来，马化腾等人只能继续用手中的股权进行融资。

最终，在 2001 年，南非 MIH 米拉德国际控股集团的入局，为腾讯带来了继续发展的动力支持。2001 年，MIH 集团从盈科数码手中收购了 20% 的腾讯股份，而后又从 IDG 手中收购了 12.8% 的腾讯股份，从马化腾之外的创始人手中收购了 13.5% 的股份。截至 2013 年 8 月，腾讯的股权结构变为 MIH 集团与马化腾团队各持股 50% 的情况。到了 2014 年，完成 IPO 后，腾讯的股权结构又变成腾讯创始人持股 37.5%，MIH 集团持股 37.5%，巴克莱非洲集团持股 10.43% 的情况。而从 2021 年 4 月 8 日腾讯发布的公告中获知，MIH 集团已出售了 2% 的腾讯股权（2020 年 MIH 集团持有腾讯 30.87% 的股权）。完成出售后，MIH 集团持股比例下降至 28.87%，不再是腾讯的控股股东。

可以看到，在一次次股权结构变化中，腾讯创始人团队的持股比例都会有所降低。公司为了进一步扩大生产规模，需要依靠对外融资，而对外融资的一个显见结果就是对公司股东股权的稀释。与此同时，完成融资后公司迅速发展带来的股权价值增长，又会在很大程度上消弭了对公司股东股权稀释的影响。

相比于腾讯初创时，创始人马化腾的股权份额确实稀释了许多，但他手中的股权价值也暴增了不少。由此来看，股权确是创业者治理好公司，并获取财富收益的重要依靠，这对于每一个创业者来说都是一样的。

● 第四节　用股权管理好公司

一句话干货：
　　股权不仅可以帮助创业者获取收益，而且可以帮助创业者规避公司在运行过程中的各种风险，并将公司内部各种利益主体"捆绑"在一起。

对于大多数股东来说，股权最直接的价值就是创造财富收益，这也是大多数持股人最为关注的一点。但对于初创公司的创始人来说，总是盯着股权的"创富"作用，会很容易忽略股权对公司管理的其他作用。

这里所说的股权对公司管理的作用，主要体现在规避公司运行过程中的各种风险以及统一公司内部各利益主体上。

创业者在经营公司时，如果将公司股权全部掌握在自己手中，虽然能获得最大份额的股权收益，但同时也承担着最大化的创业风险。

一个简单的例子，如果创业者甲自己投入 100 万元创业，自己持有公司全部股权，但最终创业失败，他需要自己承担相应损失；如果甲找到乙一起创业，每人投入 50 万元，各持有 50% 的股权，创业失败时，甲所承担的损失就会比自己创业少一些。

当然，这个例子似乎有些极端，但创业者把风险和股权都背在自己一个人身上，对公司和创业者个人来说，都是非常不安全的。

对于一家公司来说，想要扩大生产规模，资金支持是必不可少的。公司想要获得资金的方法无外乎寻找外部投资人、联合创始人增加投资、内部员工入股、申请银行贷款等方式。在上述方式中，前三种方式多会涉及股权变动，而申请银行贷款一般不会涉及股权问题。

如果同样以创业失败为假设情境，使用前面三种融资方式筹集资金，要比申请银行贷款筹集的风险小很多。使用投资人、联合创始人或员工的投资，创业失败了大家共担风险，成功了共享收益；而使用银行贷款，不仅门槛较高，限制较多，如果创业失败，创业者可能还会承担无限连带责任。

因此，通过股权分配获得融资的方式，更安全。当然，能否依靠股权获得融资，还需要依公司的发展现状及前景而定。

相比于融资风险，创业者在运营公司时，更应该关注的是决策风险。如果创业者一人独掌全部股权，个人决策的失误就会为公司带来致命风险。很多时候，决策风险对公司发展造成的损害，要远超其他风险。

相比于一人决策，创业者更应该将股权稍做分散，选择几个联合创始人一同入股，共同做决策。通过各方的讨论和思辨，做决策的过程会更为理性，由此也可以避免发生一些不必要的决策风险。

公司经营风险是公司的一种不可预知的风险，是每一个创业者都可能会遇到，需要提前做好风险规避工作，在这一方面，股权依然可以发挥重要作用。

公司经营风险有很多种，任何一种都可能对公司发展造成严重影响，而这些风险的大小往往又与员工是否尽职工作，其能力是否匹配工作岗位有着密切关联。

一般情况下，如果员工因为工作失误对公司造成损失，离职是其需要承担的风险，对于大多数员工来说，可以寻找新的工作来降低损失，而其对公司造成的损失已无法规避。

对此，摆在创业者面前的是如何调动员工的积极性，让员工更加认真工作。这里依然可以让股权发挥作用，其既涉及规避公司经营风险的问题，又涉及员工的股权激励问题。

"想让马儿好好跑，就要多喂马儿草。"当公司发展到一定阶段时，创业者需要赋予员工一定的权利，而真正让员工能够站在公司的立场上，认真工作，可以考虑给员工一定的股权。只有这样，员工才能真正与公司一荣俱荣，一损俱损。

通过股权激励，可以将员工的个人利益与公司整体利益相统一，拥有股权的员工会觉得是为了自己而工作，这样一来，在不断提高个人绩效，获得更多个人利益的同时，员工也为公司创造了更多收益。相应地，因为员工工作失误所造成的经营风险，也会因之降低。

在公司管理过程中，只有运用好股权，创业者才能更好地管理好公司，才能确保公司在未来实现快速发展。

作为中国房地产市场的佼佼者，万科在很多方面创下了多个第一，其中在股权管理方面，万科也是我国第一批开展股权激励的公司。但是，万科的股权激励计划并不能算得上是成功的典范。相反，其中有太多问题值得创业者思考和借鉴。

万科的第一次股权激励计划开始于 1993 年，原计划于 2001 年结束，每三年一个阶段，分三个阶段进行。此次股权激励计划，以约定的价格全

公司筹资的各种渠道

图解页 **04** 　在筹措公司发展资金时，创业者需要多开拓一些融资渠道，但同时也要注意各种融资渠道所具有的风险。

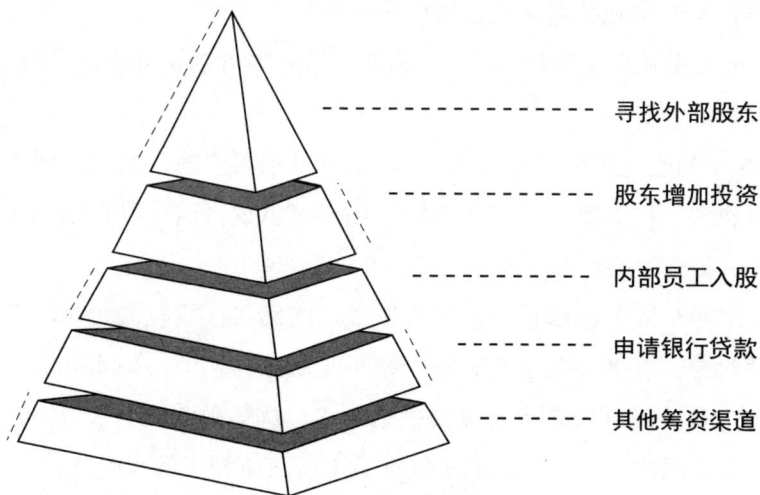

- —————————— 寻找外部股东
- —————————— 股东增加投资
- —————————— 内部员工入股
- —————————— 申请银行贷款
- —————————— 其他筹资渠道

❶ 外部股东的加入会引起公司股权结构的变动，这种获取资金的方式具有一定的风险性。

❸ 内部员工入股既是一种筹资行为，也是一种激励行为，但在应用时需要防止全员皆有股权的情况发生。

❷ 股东增加投资同样会引起公司股权结构的变化，对公司发展的风险相对要小一些。

❹ 申请银行贷款是创业者风险最小的一种筹资渠道，但相比于大公司，初创小公司从银行获得贷款比较困难。

○ 解析：创业者可以利用手中的股权换取公司发展的资金，但无论是通过哪种渠道获取资金，都应该注意股权稀释的问题，切不可为了眼前资金而无视股权的长远价值。

员持股，第一阶段结束后，员工持有的股份可以上市交易。

这一计划虽在最初得到有关部门批准，但在第一阶段完成后突然被叫停，这也意味着万科的第一次股权激励计划由此结束。

到了 2006 年，万科开始了第二次股权激励计划。该计划规定，公司每年在符合限制性条件的情况下，可以从净利润中拿出一定比例资金，买入公司 A 股股票，来奖励包括董事长在内的公司高管和优秀人才。

这一计划由三个独立年度计划构成，预期在第三年可以获得公司 A 股，并每年获准最多卖出 25%。

虽然 2006 年的股权激励计划在 2008 年才得以顺利实施，但此后两年的激励计划因业绩不佳和股价低迷而未能实施。可以说，这一股权激励计划的执行效果也是有限的。

通过对比这两个股权激励计划，不难发现，在第二次股权激励时，万科缩减了激励对象，看上去似乎会影响一些员工的工作热情，但实际上，这确是一种比全员持股更为有效的股权激励方式。从某种意义上来说，全员持股为员工带来的成就感，要远低于优秀员工持股所带来的成就感。

在 2011 年，万科董事会启动了第三次股权激励计划，在此后的三年时间里，由于达到了行权条件，该股权激励计划得以顺利施行。让人颇感意外的是，在万科第三次股权激励计划方案发布不久，万科的多个高管却陆续离职，这在行业内引起了较大震动。

在公司经营管理过程中，运用股权进行激励，能提高公司的经营绩效，但在具体施行时，也要考虑诸多要素。激励对象的选择、激励方式的确定都会影响最终的激励效果。因此，创业者在运用股权这一工具时，应该事先进行多方面的考虑。

第二章　要创业，先学会股权设计

● 第一节　创业者为什么要学股权架构设计

一句话干货：

　　学习股权架构设计是创业者成功创业的开始，没有合理股权架构的公司，一定做不大。

　　创业公司发展过程中经历的诸多阵痛与烦恼，多数都是因为前期的股权架构设计没有做好。创业者懂技术，也懂产品，但对股权架构设计一窍不通，最后技术研发成功了，产品投向市场了，公司内部却分崩离析了。

　　如果在创业之初能做好股权架构设计，创业公司不仅可以避免这些不必要的阵痛与烦恼，还能获得快人一步的发展速度。

　　创业公司想要快速发展，股东的力量能否往一处使是个重要问题。创业者学习股权架构设计的一个显著的好处在于，它可以通过科学合理的股权架构来明确各个股东的权利、责任和利益。

　　如果某个股东在公司发展过程中付出更多的资金、承担更多的责任，相应地，他应该拥有更大的权利并获得更多的利益。表现在股权上，他的股权份额比其他股东高一些。

　　而某个股东只想做个"甩手掌柜"，既不愿意多出资金，又不想参与

股权架构设计的作用

图解页 **05** | 创业者需要依靠股权架构设计来充分发挥股权的作用，无论公司发展到哪个阶段，股权架构设计都是必不可少的。

明确股东的权、责、利：多付出的多拿股权，少付出的少拿股权，股权架构设计可以很好地明确股东的权利、责任和利益。

保护公司控制权：合理的股权架构设计，可以防止创业者手中的股权因融资而稀释，从而更好地保护创业者对公司的控制权。

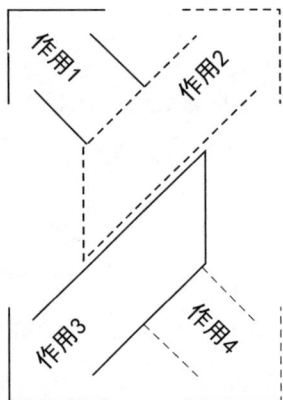

作用1
作用2
作用3
作用4

帮助公司更好地实现IPO：合理的股权架构设计可以让公司获得资本市场的认可，从而帮助公司更好地实现IPO。

更好地进行股权激励：在股权架构设计之初，为股权激励留出空间，这样的股权架构设计才是好的股权架构设计。

◎ 解析：股权架构设计不是一成不变的，需要随着公司发展而不断变化。同一个公司发展到不同阶段时，股权架构也应该进行相应调整，这样才能确保股权架构设计始终发挥积极作用。

公司的日常经营与管理，那反映在股权比例上，他应该只能拿较少部分股权。

这样一来，当公司发展壮大后，公司股权价值得到提升，付出多的人因为拥有较多股份而可以获得更多利益，付出少的人因为拥有较少股份则只能获得较少利益。公平公正的股权架构设计可以对股东形成明显的激励作用，将股东的个人利益与公司利益捆绑，以促使股东更加努力工作。

每一个创业项目都是创业者的心血结晶，从最初的一个想法到付诸实践，通过成立创业公司来实现市场化，在整个过程中，创业者付出了巨大的努力。当公司逐渐发展到一定规模，逐渐开始盈利时，创业者才发现这家公司已经不属于自己的了。

这并不是凭空幻想出来的故事，而是商业市场中每天都在发生的现实。商业市场中潜藏着许多"经验丰富"的行家能手，有天使，也有恶魔，初出茅庐的创业者很难区分他们。

引入外部投资是创业公司发展的必经阶段，在这一阶段中，公司规模会扩大，资金会增多，创业者的股权也会被稀释。在股权被稀释的同时，如果想把公司的控制权牢牢掌握在手中，创业者需要股权架构设计的助力。

从另一方面来看，在选择投资之前，风险投资人除了关注公司的创始人和产品，还会观察公司的股权架构。如果一家初创公司的股权架构不合理，而创业者又不肯优化调整，风险投资者是不会投资这家公司的。

总的来说，在与风险投资人的博弈中，懂得股权架构设计的创业者既能顺利地从投资人手中获得投资，也能防止公司被一些"心怀不轨"的投资人夺走。单从这两方面来说，创业者有足够的理由学会股权架构设计。

如果这些理由还不够充分的话，能帮助公司更好实现IPO，创业者应更加重视股权架构的作用。

上市可以看作是创业公司走向成功的里程碑事件，通过上市，公司可以获得一笔丰厚的资金，还可以实现再融资，以进一步扩大公司规模。

当然，公司想实现上市并不容易，资本在选择公司时，对公司股权架构的要求极为严格，没有一个合理明晰的股权架构，则无法获得资本的认可。由此，创业者更需要学习股权架构设计的相关知识。

成功上市之后，公司还要继续发展，股权架构设计依然可以发挥激励员工的作用。通过股权架构设计，创业者可以构建一整套完整的股权激励体系，将公司内部所有利益相关者联结为一个整体，以提高公司的运作效率。

总之，股权架构设计贯穿公司发展的各个阶段，处于不同发展阶段的公司需要不同类型的股权架构。对于创业者来说，股权架构设计既是一堂内容丰富的理论课，也是一堂生动刺激的实践课。

● 第二节　股权分配比例中的奥秘

一句话干货：

　　看似简单的股权比例背后，实则蕴藏着巨大的能量。创业者能否牢牢控制住公司，关键要看他手中掌握着多少股权。

在股权架构设计时，股权分配比例是创业者必须重点关注的问题。在创业之初，大多数创业者比较喜欢用出资多少来直接划分股权比例，这种方法虽然简单实用，但对公司的未来发展容易造成负面影响。

对此，在创业初期划分股权比例时，创业者需要谨慎对待，尤其是几个重要的股权比例，创业者一定要好好把控。

完全控股：股权比例 100%

这一持股比例很好理解，公司只掌握在一个股东手中，股东对公司事务具有绝对控制权。有利的是创业者对公司控制权的绝对掌控，不利的是一个人单打独斗，无论在资金资源，还是在人力资源上，都会略显单薄。

绝对控股：股权比例 66.7%

根据《公司法》规定，一些特殊决策事项需要经过 2/3 以上表决权的股东通过，才可以生效。这些特殊事项主要包括修改公司章程、增加或减少注册资本的决议，公司合并、分立、解散或变更公司形式的决议。也就是说，如果创业者想要对这些特殊事项享有完全的决定权，至少要保证自己在公司股权比例达到 66.7%。

另外，因为《公司法》还规定"公司章程另有规定的除外"，所以有些时候某一股东的股权比例虽然没有达到 2/3 以上，但如果在公司章程中约定其表决权比例达到 2/3 以上，他依然可以对一些特殊事项享有完全的决定权。

相对控股：股权比例 51%

一般来说，当一个股东占股达到 51% 时，就已经取得公司的相对控制权了。拥有相对控制权后，创业者可以对公司的一些简单事项做出决策，比如，选取董事、董事长，聘请或解聘总经理等。

因为《公司法》并没有规定有限责任公司股东会议普通决议的程序，所以创业者可以与股东在公司章程中自行约定。

在股东自行约定过程中，一定要注意章程条款在内容规定上的严谨性，尤其是要区分"1/2 以上""半数以上"和"过半数"之间的区别，以防在具体实践中出现决议争端。

一票否决权：股权比例 34%

前面提到根据《公司法》规定，一些特殊决策事项需要经过 2/3 以上表决权的股东通过，才可以生效。反过来说，当 1/3 以上表决权的股东表决不同意决策，这些特殊决策事项就无法生效，34% 的股权比例恰好满足这一条件。

如果单一股东在公司的持股比例达到 34%（1/3 以上），那么他对公司的一些特殊事项就拥有了一票否决权，如果这个股东不赞同决议，这些特殊事项的决议就无法达到"经过 2/3 以上表决权的股东通过"的条件。

公司股东持股比例及含义

　　股东的持股比例是股权架构设计中的重要内容，不同的持股比例代表着不同的意义，在设计股权架构前，创业者需要重点了解这一问题。

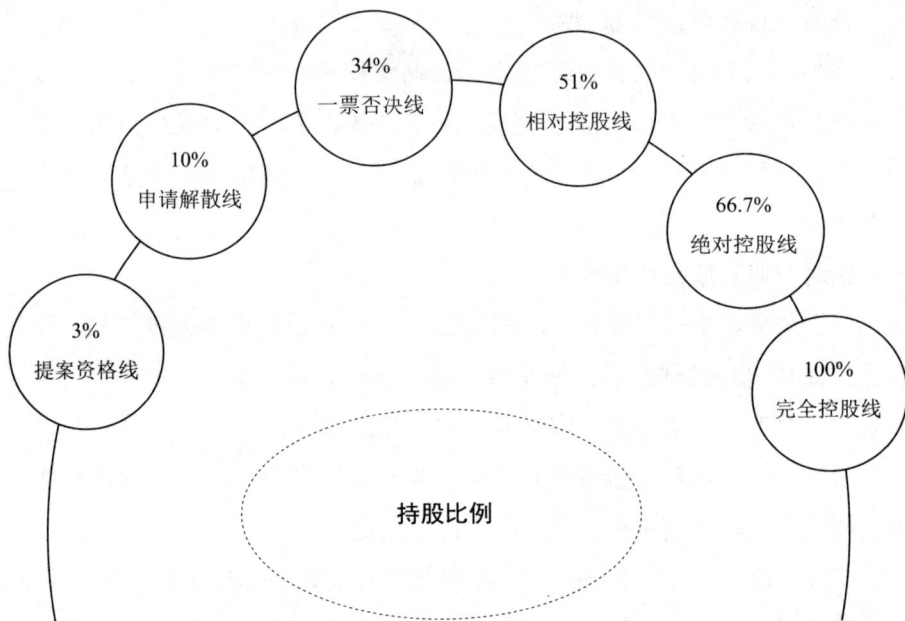

公司股东持股比例含义

持股比例	含义	详解
100%	完全控股线	控股股东对公司事务具有完全控制权
66.7%	绝对控股线	对公司股东会决策具有一票通过权
51%	相对控股线	对公司一般事项具有决策权
34%	一票否决线	对公司特殊事项具有一票否决权
10%	申请解散线	拥有召开临时股东会和申请法院解散公司的权利
3%	提案资格线	拥有提交股东大会议案的权利

当然，一票否决权主要体现在特殊事项的决策上，对于公司的一般事项决策，只要满足半数以上股东同意，便可以生效。因此，在一般性的公司决策上，这类股东是没有一票否决权的。

临时会议权：股权比例 10%

根据《公司法》规定，股东大会应该每年召开一次，但当拥有 1/10 以上表决权的股东提议时，就应该在两个月以内召开临时股东会议。如果公司的董事和监事都不履行召集股东会议的职责，那么提议股东可以自行召集和主持临时股东会议。

此外，当公司经营管理发生严重困难，继续存续会使股东利益造成严重损害时，单独或合计持有公司全部股东表决权 10% 以上的股东，可以申请解散公司。

临时提案权：股权比例 3%

根据《公司法》规定，单独或者合计持有公司 3% 以上股份的股东，可以在股东大会召开 10 日前提出临时提案并书面提交董事会；董事会应当在收到提案后 2 日内通知其他股东，并将该临时提案提交股东大会审议。临时提案的内容应当属于股东大会职权范围，并有明确议题和具体决议事项。

对于创业者来说，只有了解股权比例背后所代表的意义，才能帮助自己在股权架构设计时做出更好的决策。

● 第三节　股权架构设计的四大原则

> 一句话干货：
> 股权架构设计就像是分蛋糕，既不能一刀切，也不能平均分，更不能盲目分，而是要有科学的分配方法。

股权架构到底怎么设计，不同的创业者有不同的方法，但从总体上来讲，做股权架构设计时有一些通用的原则。

股权架构设计的原则也就是股权分配的原则，做好了股权分配，股权架构设计也就成功了一大半。

原则一：公平，但不均等

股权架构设计中的公平原则，主要是指按照股东的出资和价值来分配股权。其中，出资是最直接，也是最为量化的标准，但这里的出资并不仅仅是股东付出的资金，还应包括付出的人力资源。

在以出资作为股权分配标准的同时，股东对公司的贡献及其自身的价值，也是股权分配的重要标准。

在具体的股权分配过程中，如果出资较多的股东，对公司未来发展贡献较少，那么，在分配股权时，就不能严格按照出资多少来分配股权，或者在表决权方面对其有所限制。如果出资较少的股东，自身价值较高，对公司未来发展又具有至关重要的作用，那么，在股权分配时，就要对其有所侧重，或者给予其更多的表决权。

只有贯彻了公平原则的股权架构设计，才能得到股东的认可，并激发他们的工作热情。但有一点，在坚持公平的同时，要尽量避开股权比例均等分配的情况，即使股东出资相同，对公司的贡献相差不大，也应该避免均等情况的发生。

原则二：简单透明，清晰明确

一般来说，创业初期的股权架构设计应该以简单透明为主，不要太复杂。比较常见的情况是几个创业者各自出资成立公司，然后根据出资和贡献划分股权比例，这种较为简单的股权架构设计，一方面可以更为高效地完成股权分配过程，另一方面也能让各个联合创始人更快投入公司运作之中。

做到了简单透明之后，创业者还需要更多地考虑股权架构清晰明确的问题。清晰明确不仅包括股东数量的清晰明确，而且还包括未来公司融资轮次的清晰明确。

股东数量方面，在创业之初，主要可以分为原始创始人、联合创始人和投资人三类。在明确具体股东数量的同时，创业者还要尽可能将股东限制在较少数量内，初始股东过多可能会造成股权分散，因为伴随着多轮融资对股权的稀释，创始人也可能因此而失去对公司的控制权。提前考虑这些问题，可以减少因后面股权架构调整而可能出现的麻烦，降低融资为公司带来的风险。

原则三：控制权保障

对创业者来说，保证自己对控制权的掌握也是股权架构设计的一个重要原则。试想某个创业者经股权分配后，却发现自己对公司并没有绝对控制权。

还有一些创业者在创业之初的股权架构设计中，股权分配得很好，控制权也掌握在自己手中，但在经过几次融资后，创业者才发现自己竟然成了公司的小股东，对公司的控制权没了。

无论股权架构怎样调整，创业者都要将公司的控制权牢牢握在手中。有时，为了确保控制权，在股权架构设计中出现有失公平的情况，虽然于情不妥，但于理还是说得通的。

原则四：动态调整原则

动态调整的方法较多，既有预留期权池，与员工共享股权，也有灵活调整股权架构，方便融资和资本运作。简单地说，这一原则是说创业者在设计股权架构时，要足够灵活，留出动态调整的空间，为公司未来的长远发展助力。

具体而言，预留期权池是为了激活员工的工作热情，当员工的个人利益与公司利益联结在一起，员工就会与公司共进退。

另一方面，创业者还需要吸引外部投资人为公司注入资金。风险投资者在选择投资公司时，会着重考虑公司的股权架构。即使没有一个好的股权架构，风险投资者在投资时也会多加考虑。因此，在创业之初的股权架构设计中，创业者应该多考虑融资便利性的问题。

股权架构设计讲求科学方法

图解页 **07** | 分配股权并不像分蛋糕那样简单，创业者只有在科学方法的指导下，遵循一些必要原则，才能分配好公司的股权。

在股权分配时，多与其他股东进行沟通，也是一种股权分配的科学原则

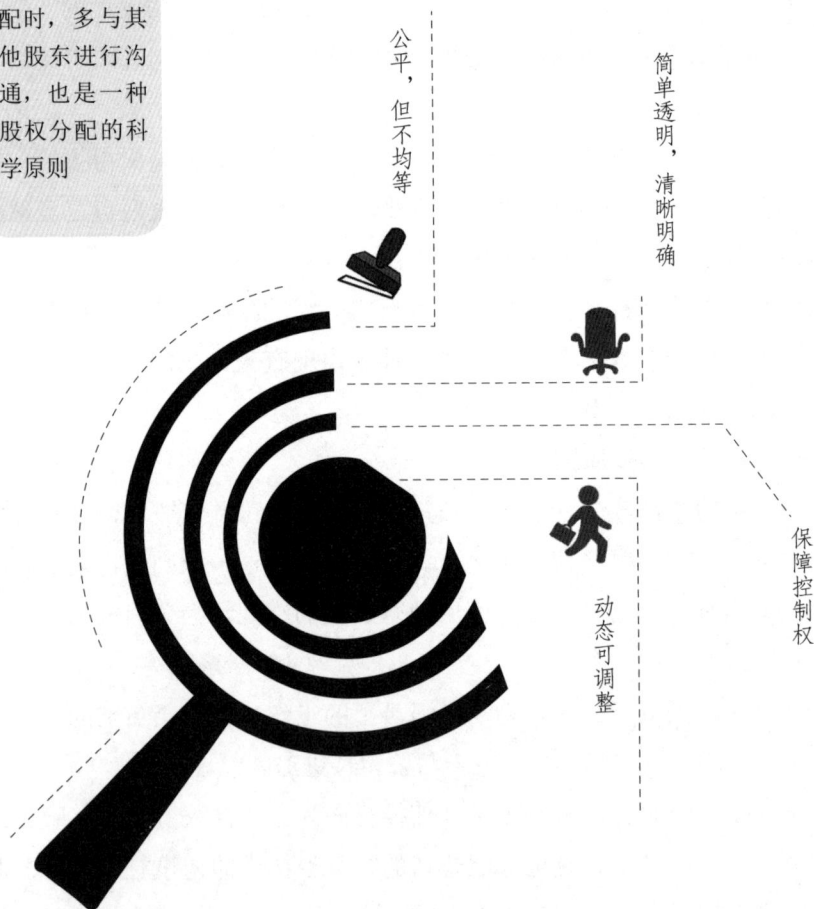

公平，但不均等

简单透明，清晰明确

动态可调整

保障控制权

◯ 解析：均等的股权架构，容易造成贡献与回报不匹配；复杂的、不清晰的股权架构，容易造成股东之间的矛盾；缺少控制权保护的股权架构，像是一个随时会被引爆的核弹；不可动态调整的股权架构，在灵活性上有所不足。因此，在股权架构设计时应遵循"四大原则"，缺一不可，否则会为公司的发展埋下隐患。

● 第四节　常见的股权架构类型

一句话干货：

　　股权架构类型需要根据公司具体类型而定，在公司发展的不同阶段，股权架构类型也会随之发生改变。

　　股权架构设计是公司的顶层设计，科学合理的股权架构能够将公司内部各方利益捆绑在一起，从而帮助公司建立长足的竞争优势。

　　对刚接触股权架构设计的创业者来说，了解股权架构的基本类型是十分必要的。在创业过程中，创业者可以根据公司的具体类型，来选择基本的股权架构。在公司发展过程中，创业者可以不断优化公司的股权架构，最大化发挥股权架构设计的作用。

　　一般来说，常见的股权架构类型主要有以下三种。

一元股权架构

　　这种股权架构通常直接按照各自的出资额来分割股权，根据股权份额的不同，股东享有不同的决策权和分红权。这种股权架构类型比较简单，也是较为传统的一种股权架构类型。

　　这种股权架构类型，所有股东的权利都是根据其股权比例来决定的，使用简单，权责清晰，但问题也不少。

　　使用这种股权架构，在分配股权时非常方便，但由于股东的股权比例只能根据出资来确定，创业者在公司控制权掌控上会遇到较多问题。比如，当外部投资者投入大量资金获得较大份额的股权后，公司的控制权可能就会易手了。

　　当然，创业者也可以拒绝外部投资者进入，防止控制权旁落，但不融资，公司如何扩大生产规模呢？因此，使用这种股权架构，创业者要谨慎对待融资和恶意收购，提前做好应对策略。

　　在这种股权架构中，创业者还需要重点关注股权比例的问题，两个合伙人出资额相同，各占 50% 的股权，这种情况要尽可能避免。

二元股权架构

这种股权架构对股东权利进行了分离，在股权比例、投票权和分红权方面进行了不同比例的安排。简单地说，一个股东在公司中可能只有 2% 的股权比例，但其可能拥有 20%，甚至更多的投票权。

二元股权架构在国外上市公司中比较常见，比一元股权架构更灵活，更容易帮助创业者牢牢掌握公司的控制权。

我国上市公司虽然还不允许采用这种股权架构，但根据《公司法》规定，公司章程可以对股东行使表决权进行特殊规定，这为我国公司实行二元股权架构提供了条件。

使用这种股权架构，可以帮助创业者在经历融资、股权不断稀释之后，依然掌握公司的话语权，创业者可以继续按照自己的规划，带领公司追求更高、更远的目标。

4×4 股权架构

这种股权架构类型相比于前两种，更为全面地考虑了公司内部各个权利主体的利益关系，将公司股东分为原始创始人、联合创始人、投资人、员工等多个类型，再根据各类主体对公司发展的贡献来设计股权分配方案。

从设计方式来看，这种股权架构类型更多考虑公司整体发展，而不是追求个别股东权益的最大化，可以充分调动公司内部不同类型成员的工作积极性。

在选用 4×4 股权架构时，创业者首先要考虑公司类型，是人力驱动型，还是资金驱动型或资源驱动型。在明确这一问题后，创业者还需要考虑公司的核心资源有哪些以及是谁为公司提供了这些资源。解决了这些问题，创业者在进行股权架构设计时，才能做得更加得心应手。

这种股权架构的设计思路一般有三个环节，首先，在公司股权中分出原始创始人与投资人的份额；其次，根据个人对公司的贡献度高低，将剩下的股权份额分给联合创始人和主要员工；最后，从整体上考察股权分配是否合理，从而进行一些适当地调整或改进。

常见股权架构类型

图解页 **08** | 　　每种股权架构类型都有优缺点，公司在选择股权架构类型时需要从实际出发，对症下药。

一元架构——按出资额分配

优点：清晰明了，操作简单

缺点：不能真实反映公司管理结构和治理状况

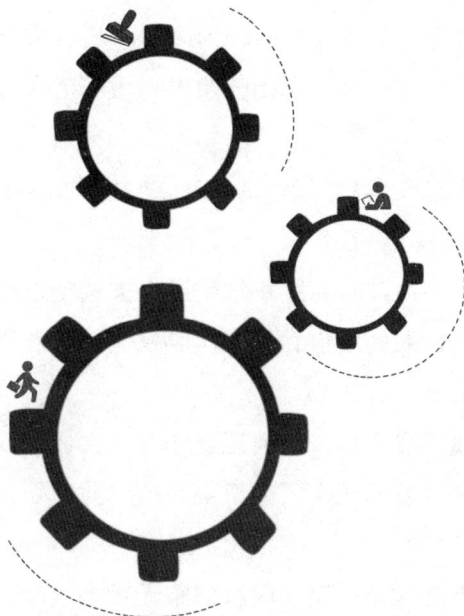

4×4 股权架构——多重分配，综合考量

优点：全面且相对公平

缺点：操作复杂，多头博弈

二元架构——股权、控制权分离

优点：控制权统一，相对灵活

缺点：投资人权益保护较弱

　　◎ 解析：一元架构简单明了，但不够完善，适合于初创公司；4×4 股权架构更为全面，但相对复杂，适合于成熟公司。

　　上面提到的是当前市场上较为常见的几种股权架构类型。正如前面所说，不同类型的公司在股权架构类型选择上也会有所不同，处于不同发展阶段的同一家公司，股权架构设计也会有所不同。

　　总体而言，一家公司的股权架构并不是一成不变的，可以根据公司发展形势随时进行调整。这并不意味着创业者可以随心所欲地设计股权架构，一步到位的股权架构设计要远比不断修补的股权架构设计可靠。

　　国内某网约车行业头部公司，估值曾一度达到570亿美元。从创立初期开始，这家公司的发展之路走得并不顺畅，如果没有一轮轮融资支持，该公司很难发展到现在；而它能够持续获得融资的原因，除了其未来的发展前景外，一开始就留有余地的股权架构。

　　在创业初期，这家公司的股权架构较为简单，基本按出资额来分配股权。其中，天使投资人占股40%，原始创始人和另一个联合创始人分别占股30%。

　　这种股权架构分配起来非常简单，但在后续发展过程中，可能会产生较多问题，尤其是影响公司融资。

　　基于这种情况，该公司及时对股权结构进行了调整，以240万元的价格回收了另一个联合创始人的股份。在此次股权调整时，该公司所剩的账面资金仅有600多万元。

　　该公司正处于烧钱发展阶段，为何还要花费巨大成本回收股份呢？乍看上去，这并不是一笔合算的买卖，如果资金链由此断裂，公司的发展就可能戛然而止。

　　但从现在来看，当时这家公司的股权调整无疑为自身未来的发展拓宽了道路，提供了更多的可能性。

　　从那次股权调整之后，这家公司开始了疯狂的融资与扩张之路，获得了大量外部投资支持。从成立到现在，这家公司仅仅依靠融资就获得了200多亿美元的融资。现在这家公司的股东，除了创始人带领的管理团队外，还有腾讯、阿里、苹果、软银和DST等公司。

　　这些资金在其与国内其他竞争对手"跑马圈地，烧钱竞争"的过程中，发挥了重要作用，更是帮助该公司在同行业竞争中占据了主动。

如果这家公司在当时没有回收那 30% 的股份，在后续融资过程中，必然会受到较大限制。另一方面，股权架构的调整，也为其引进先进人才和市场资源提供了便利。

在一些创业者眼中，创业初期资金紧张的情况下回收股权，是一种冒险的举措。但事实证明，越是早些调整不合理的股权架构，对公司未来的发展越有益。当公司发展到一定阶段时，创业者想要再去调整不合理的股权架构，所付出的代价可能会更高。

当公司的股权价值持续升高，并且保持良好的发展势头时，很少有股东会愿意放弃自己手中的股权。创业者想要回收股权，不仅要付出较高的代价，还可能会引发严重的股权争端，从而影响公司的长远发展。

这也正是股权架构设计宜早不宜晚的原因，尽早调整不合理的股权架构，无论从难度上，还是成本上来说，都比较小。

● 第五节　什么样的股权架构是好的股权架构

> 一句话干货：
>
> 没有哪种股权架构是绝对完美的，但好的股权架构一定是权、责、利分明的，创业者需要从公司的实际情况出发，去做股权架构设计。

股权架构设计可以明确股东的权、责、利，帮助创业公司融资，促进创业公司的稳定发展。作为公司治理结构的基础，不同的股权架构决定不同的公司治理结构，也决定不同的公司组织结构。

什么样的股权架构是好的股权架构，一般而言，需要满足下面几个条件。

首先，在设计股权架构时，一定要有一个人能够对公司形成控股，即使达不到绝对控股，也要做到相对控股。一家公司没有一个领头人，是非常危险的。

一般来说，创始人作为公司领导，在设计股权架构时，会充当公司的控股股东。虽然相比于投资人来说，创始人投入公司的资金可能并不多，但让创始人占有较多股份，并在公司中具有较多话语权是十分必要的。

其次，好的股权架构设计能将公司内部各种人力资源汇聚在一起，根据不同的贡献和价值为联合创始人和员工划分股权比例，将公司内部个人利益与公司整体利益相联结。拥有这样股权架构的公司，才能在激烈的市场竞争中生存下去。

最后，好的股权架构设计还要拥有健全的进入和退出机制。入股公司需要什么条件，退出公司又要满足哪些条件，好的股权架构设计中，应该对这些问题有所涉及。

股东进入公司可能为公司带来技术和人力支持，也可能为公司带来资金支持。新的股东加入，必然会稀释其他股东的股权，这时候，好的股权架构设计应防止股东股权稀释，以免造成公司控制权旁落。

为了避免因为股东退出对公司造成的不利影响，好的股权架构设计还应考虑退出机制的问题。股东若退出了公司，却依然占据着较多股份，势必影响其他股东的工作热情，容易对公司未来发展造成不利影响。

除了这几方面的考量外，好的股权架构还需要考虑原始创始人、联合创始人、投资人和核心员工这四类人的核心诉求。

对于创始人来说，好的股权架构应该让他能更好地掌握公司的控制权，体现在股权分配上，就是创始人占据较大份额。

对于联合创始人来说，虽然不会过多要求公司的控制权，但希望在公司中拥有一定的话语权和参与权。因此，满足这些人此方面的诉求，也是好的股权架构应该做到的。

对于投资人来说，相比于公司控制权和话语权，丰厚的利益回报是他们最主要的诉求。因此，好的股权架构应该满足投资人优先清算、优先认购的需求。

"完美"的股权架构

图解
页 **09** ｜　好的股权架构设计不仅要符合公司战略发展需要，还要能够解决公司发展中出现的各种问题。

好的股权结构要兼顾原始创始人、联合创始人、投资人、核心员工的诉求，但是，各方诉求往往是不一致的，甚至彼此冲突的

原始创始人：公司价值上涨或上市，
确保对公司具有控制权

联合创始人：公司价值增值或上市，
自身股权不会被稀释

投资人：公司价值增值或上市，
自己的投资增值

核心员工：公司价值增值或上市，
自身收益增多，获得稳定的经济收入

对于核心员工来说，他们更希望能够在认真工作的同时，享受到公司快速发展带来的经济收益。因此，好的股权架构应该在早期便将员工股权预留出来，等到公司发展到一定规模后，再将股权分配给员工，让员工共享公司发展带来的红利。

总的来说，股权架构设计既是一种程式化的科学设计，又是一种没有完美标准的个性化设计。对于一家创业公司来说，没有哪个股权架构设计是绝对完美的，但一定有一些股权架构设计是适合的，而创业者需要做的，就是找到这种股权架构设计模型，并根据公司的具体需要，设计出好的股权架构。

2

股权架构设计实操

第三章　做股权架构设计，必懂的一些问题

● 第一节　选择什么样的人做联合创始人

一句话干货：

联合创始人既要能一起做生意，也要能一起"过日子"，优势互补和忠诚互信是联合创业必不可少的条件。

选对联合创始人，创业就成功了一半。这么说可能有些夸张，但在创业的道路上，选对联合创始人显然是非常重要的一步。

选择联合创始人的问题，应在股权架构设计之前想清楚，如果公司已经完成股权架构设计，再去寻找联合创始人，那原有的股权架构设计就很可能被打破。到时候，原来的股权架构可能无法继续使用，新的股权架构需要重新设计，这在一定程度上影响公司短期或长远的战略规划。

在选择联合创始人时，大多数人倾向于从情感角度出发，要么与同学联合创业，要么与朋友联合创业。从一般意义上来讲，用情感来维系合作关系并没有问题，只是如果涉及利益相关的问题，情感纽带是否足够结实，则需要进一步论证了。

"西少爷"联合创始人因股权矛盾激化而对簿公堂，最终不欢而散；"真功夫"联合创始人因股权纠纷而锒铛入狱。"联合创始人"转眼间就变成了"散伙人"，亲密的情感关系在利益的侵蚀下也会烟消云散，这样

看来，以情感亲疏作为选择联合创始人的标准并不可靠。

大多数创业者在选择情感关系亲密的人作为联合创始人时，觉得与自己关系亲密的人更值得信任。同学、朋友确实比陌生人更值得信任，但他们是否与自己有相同的价值观和创业愿景，这是创业者应该考虑的问题。

创始团队必须要相互信任，但这种信任能否经得住利益的侵蚀，还需要看创始人之间是否有相同的价值观和创业愿景。

两个亲如手足的朋友一起开公司，一个人想要短时间赚到一大笔钱，而另一个人希望先依靠持续投入把公司做大。由此，在实际合作过程中，两人便会不可避免地产生矛盾。当公司获得第一笔资金时，是用于奖励分红，还是继续投入到再生产过程中？两个相互信任的朋友，会因此产生不小的矛盾。

如果创业者想要选择一个合适的联合创始人，首先要选择相互信任且有相同价值观的人，否则可能会导致未来利益分配和责任分配的不平等，为公司未来发展带来诸多不必要的麻烦。

除了相互信任和具有相同价值观外，创业者在选择联合创始人时，还应该充分考虑优势互补的问题。

乔布斯为什么选择沃兹尼亚克作为联合创始人，而不是选择另一个"乔布斯"呢？因为沃兹尼亚克是 IT 技术方面的天才，而乔布斯的天赋显然不在于此，二者之间的结合有明显的优势互补性。

如果乔布斯选择另一个"乔布斯"一起创业，那两个人可能每天都在为工作上的细节问题争吵不休。沃兹尼亚克不仅不会跟乔布斯争吵，还会在技术设计方面，为他提供极大的帮助。

当然，这里所说的优势互补并不仅仅局限在技术方面，联合创始人的性格和经历也可以实现优势互补。

一个初出茅庐敢打敢拼的技术天才，搭配一个经验丰富又成熟稳重的投资老手，这样的组合也可以实现优势互补。如果联合创始人在性格、经历和能力方面都能够实现互补，对公司未来的发展将是大有裨益的。

除此之外，创业者在选择联合创始人时，还需要注意对方是否易于沟

联合创始人选择的要素分析

图解页 **10** 找到完全合适的人合作，并不是件容易的事。创业者可以根据一些必要的合作要素，选择联合创始人。

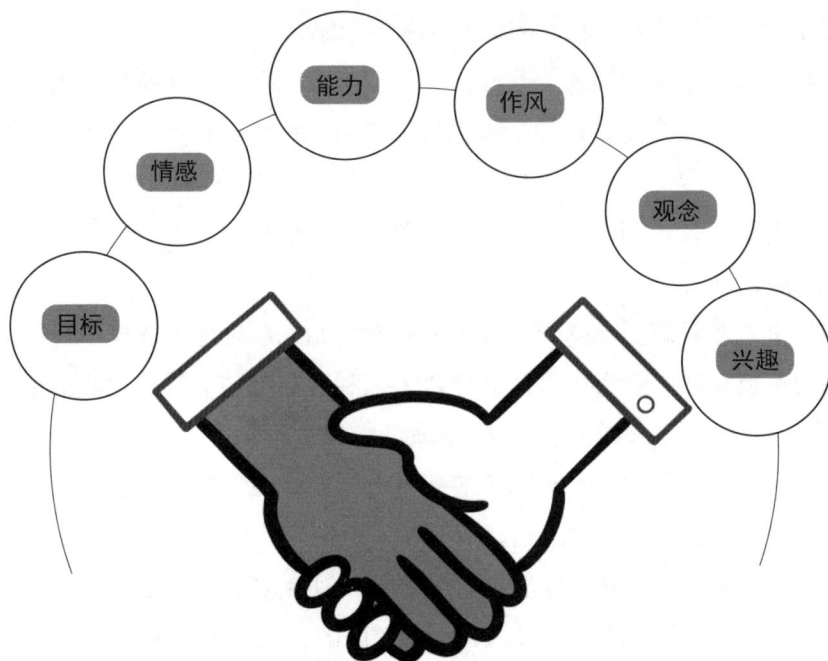

能力

作风

情感

观念

目标

兴趣

❶ 目标一致的联合创始人会更容易形成合力，即使工作中出现一些小的摩擦，大家也会为实现目标而握手。

❷ 情感联结较深的联合创始人会更懂得体谅他人，无论是股权划分，还是工作安排，都会更公平。

❸ 能力互补的联合创始人可以分管公司不同板块的工作，能力的高低也可以作为股权划分的一个重要参考。

❹ 作风相近的联合创始人合作起来会更轻松，但所有合作者都敢打敢拼，或内敛稳重，也不见得是件好事。

❺ 观念趋同的联合创始人不会轻易产生分歧，价值观对一个人的影响是非常深远的，会表现在工作的方方面面。

❻ 兴趣相投的联合创始人合作起来会更加默契，对于科研类、创新类公司来说，这一点显得尤为重要。

通。需要注意，是"易于沟通"，而不是"善于沟通"。

创业者完全可以选择一个性格内向，不苟言笑的人做合作者。他可能不善于沟通，但只要易于沟通就足够了。这里所说的"易于沟通"主要是指对方能够认真听取他人意见并及时表达自己观点，能够做到这一点的人，也算是不错的合作者。

在此基础上，我们还需要清楚哪些人不适合做合作者。

首先，在选择时，对缺乏责任感且缺少行动力的人，要谨慎一些。这样的人无法在公司发展过程中承担自己的责任，嘴上功夫远胜过手上的技术，对公司长远发展会产生负面影响。

其次，在选择时，对听不进去他人意见的人，也要谨慎一些。如果在公司发展过程中，股东之间产生意见分歧，而听不进去他人的意见会扩大分歧，引发更为严重的矛盾，甚至引起公司管理层的动荡。

最后，对兼职联合创始人，也要谨慎对待。创业本来就是一件难度系数较高的事，如果联合创始人无法全身心投入创业事业之中，更会增加创业失败的概率。

选对联合创始人，无疑会让我们的创业之路走得更轻松，但这只是成功创业的第一步，同时也是股权架构设计的开端。正是由于联合创始人的出现，股权架构设计才有了"用武之地"。

腾讯五个联合创始人之间的创业故事，算得上是商业市场中的经典范例，从联合到解散的过程，既没有出现利益分配不均的问题，也没有出现彼此争权夺利的问题。腾讯联合创始人之间的故事值得其他创业者学习。

1998 年，马化腾与同学张志东合资成立了腾讯，随后曾李青、许晨晔和陈一丹也加入了腾讯。

马化腾、张志东和许晨晔是深圳大学计算机系的同学。三人中，马化腾头脑聪明，主意较多，技术实力也比较强，但在一些事情的处理上，也有自己固执的一面。

张志东同样头脑聪明，也是一个技术高手，但与马化腾不同之处，他更倾向于将技术变得更完美，而不是变得更简单。

许晨晔属于个性随和，且不喜欢轻易表达的人，但在耐心倾听其他人的意见观点后，又有自己独特的想法。

陈一丹是马化腾的中学同学，他的风格与许晨晔正好相反，在仔细严谨之余，他又是个颇为张扬的人，能够在每时每刻调动起其他人的工作热情。

曾李青是腾讯五个联合创始人中最具激情和感召力的一个，其大开大合的性格正好与其他几人形成良性互补。

在腾讯成立后，五个联合创始人依据优势互补、各尽其能的方式分管公司的一部分事务。在最初阶段，作为公司 CEO 的马化腾负责公司发展战略和产品，张志东负责技术研发，曾李青负责市场和运营，陈一丹负责行政和人力资源事务，许晨晔负责信息和公共安全问题。

在第一阶段，腾讯主要依靠移动梦网增值业务为生，这一时期曾李青负责的市场和运营部门为腾讯公司的生存和发展贡献了重要力量。

在度过了初始阶段后，腾讯开始朝着多元化方向发展，这一阶段既有原有的股东退出，也有新的股东加入，腾讯由此进入迅速发展时期。

如今，腾讯的五个联合创始人中，只有马化腾和许晨晔依然在腾讯任职，其他几个联合创始人在功成名就之后，有的选择开始新的事业，有的则专注于个人生活和慈善事业，但他们与腾讯的关系始终没有断。在商业市场中，这样的联合、解散算得上是最为圆满的结局了。

● 第二节　联合创业股权应该如何分配

一句话干货：

联合创始人股权分配应在选出决策人之后，按照贡献要素进行合理分配。

股权分配问题是创始人联合创业首先要考虑的问题，单打独斗一人创业的时代早已过去，现在是团队合作的时代，任何一家优秀的创业公司背后都会有一个优秀的团队。而股权架构设计是最重要，也是最难操作的一部分，这是每个创业者需要深入思考的问题。

在众多联合创始人中，有的是提供资金，有的是提供场地资源，有的是提供技术，还有一些是拥有运营能力或营销渠道等。联合创始人的角色千差万别，他们为公司带来的贡献也很难细化。

在这种情况下，在设计股权架构时，各联合创始人应该对公司的贡献有一个统一的估值标准，这样，股权分配才能进行得更加顺利。

一般来说，一种简单的股权分配方法是将创始人在创业项目中的贡献，按照市价估值，算出所有股东要素贡献的总估值，最后折算出股东持有的股权比例。一般来说，主要涉及以下要素。

劳动力要素估值

劳动力要素的市场估值最直接的参考标准，就是人才市场的薪资和绩效水平，例如，某技术出资人是海外归来的高才生，参考目前市场同等岗位的待遇水平来进行股权比例的估值。联合创始人的薪资＝股权＋基本薪资＋绩效＋期权，联合创始人为公司节省的市场劳动力成本差价就是他的劳动力要素估值。

知识产权要素估值

对知识产权要素估值，比较好操作，相当于技术出资人授权专利技术给创业公司使用，专利使用费就是技术出资人贡献的价值。如果技术入股是初步成型的技术开发模型，可以折算成转让价值，未有作品的话可按照项目未来开发估值计算，可参考同行竞品的开发成本。

人际关系资源要素估值

如果联合创始人提供的人际关系资源能解决公司创业阶段的问题，例如，融资、销售渠道或者是法务，创始人可以按照佣金折算成联合创始人的股权比例，或者是直接折算成现金价值，衡量的标准不一，具体的估值算法因人而异。

除了对上面诸多要素进行估值外，在为联合创始人分配股权的同时，创业者在股权架构设计时，要保证能够方便后期融资、后期人才引进和股权激励。

当投资机构准备进入后，投资方一般会要求创始人在投资进入之前预留出一部分股份作为期权池，为后进入公司的员工和公司的股权激励方案预留余地，以免后期稀释投资人的股份。作为股权池预留的股份，一般由创始人代持。

而在投资进来之前，原始的创业股东在分配股权时，也可以先根据公司的融资计划，先预留出一部分股份放入股权池用于后续融资，另外预留一部分股份放入股权池用于持续吸引人才和激励员工。原始创业股东按照商定的比例分配剩下的股份，股权池的股份由创始人代持。

创业初期，股权分配不能一下子把蛋糕分完，要注重公平与效率。如何做到让股东都满意，同时创业者还能牢牢掌握公司的控制权，是股权架构设计中需要重点考虑的问题。

2012年，短视频行业方兴未艾，知识付费风头正盛，一档名为"罗辑思维"的知识类脱口秀栏目横空出世，短时间便获得观众极大关注。表面上看着顺风顺水的"罗辑思维"，却因为股权分配的问题而隐患重重。

"罗辑思维"成立之初，创始人主要有罗振宇、申音和吴声三人。根据三人的不同特长，罗振宇在当时主要负责产品和品牌的打造，申音主要负责日常运营服务工作，而吴声担任栏目的总策划。

推出"罗辑思维"节目的公司为独立新媒体，其股权结构为申音持股82.35%，罗振宇持股17.65%。从当时的独立新媒体发展模式来看，罗振宇虽是股东，但更像是依靠独立新媒体平台开展业务的自媒体人。独立新媒体提供平台和资源，罗振宇付出知识与技能，在当时来看，这种股权分配方案也是可以理解的。

但没有想到的是，"罗辑思维"在推出几年后火得一塌糊涂，罗振宇的名气与声望也随着该节目的爆火而水涨船高。此时，"罗辑思维"的核心价值已经完全转移到了罗振宇身上。

股权分配贡献要素分析

图解页 **11** 创业者需要对可以量化的贡献要素进行量化，对不容易量化的贡献要素进行估算，以最终得出的贡献要素总估值，作为股权分类的重要依据。

公司中的知识产权要素主要是指股东通过各种智力创造的发明、外观设计、文学和艺术作品，也包括股东自己所拥有的专利技术。股东在加入公司后，可以把专利技术授权公司，以获得相应的回报，此时专利技术的所有权不会发生改变。

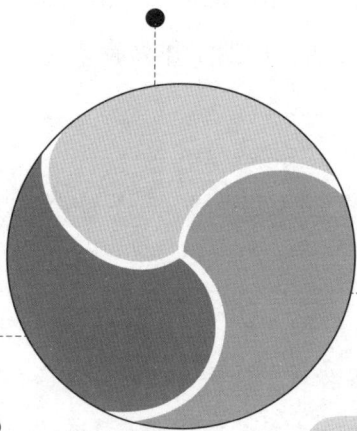

公司中的劳动力要素主要是指可用于公司生产过程的一切人力资源。学历不同的股东在劳动力要素上自然也是有一定差异的。

公司中的人际关系资源要素主要是指股东的人际关系资源，如果股东的加入可以为公司带来必要的人力资源，促成商业上的合作，或融资上的帮助，那么，在股权分配时要考虑这一要素的估值。

◎ 解析：对诸多要素进行评估，主要是为了更合理地为股东分配股权。在具体操作时，创业者还需要考虑后期融资和人才引进的股权分配问题。

公司的核心价值已转到罗振宇身上，而公司的绝大多数股权还握在申音手中，这种不匹配的贡献与收益，必然会引发一定的问题。最终，在2014年，罗振宇退出了独立新媒体。

"罗辑思维"的股权分配有问题吗？从最初来看，在"罗辑思维"还没爆火之前，在罗振宇的身价还没暴涨之前，这种股权结构没有任何问题。但随着罗振宇在这家公司中的贡献度不断提升，这种股权架构便慢慢出了问题。

由此来看，如果"罗辑思维"在创业初期不将"股权蛋糕"全部分完，那么，在股东贡献度发生变化时，还会有一些回旋的余地。一旦将所有可分配的股权分完，再想要重新分配股权，就不那么容易操作了。

因此，在股权架构设计时，不能单纯按照出资额或贡献随意分配，还需要考虑一些其他方面的问题，前期工作做得越足，后面的问题就可能越少。

● 第三节　股权分配应侧重经营方，还是资本方

一句话干货：

创始人团队获得更多股权，似乎是理所当然的，但实际情况并非如此。股权分配究竟应该侧重经营方，还是资本方，是一个需要反复权衡的问题。

对于一些初创公司的创业者来说，在股权分配过程中，经常会遇到一些联合创始人只出资或者只出技术，而不参与公司日常经营的情况。对此，创始人在划分股权时，需要多加考量。

股权分配应该侧重经营方，还是资本方的问题，对于大多数创业者来说，这不应该成为问题，因为作为公司的创业者，理应掌握更多公司股权。但很多时候，创业者所面对的情况往往是复杂的，需要考虑诸多

不同因素。

遇到联合创始人只出资，却不参与公司经营的情况，创业者在股权分配时，不能单纯依靠出资额来划分股权。尤其是在两人联合创业时，如果一方只出资，而不参与公司经营，在股权分配时一定不能单纯根据出资额的多少来划分，更不能出现双方各占 50% 股权的情况。

这种情况如果出现在创业初期，创始人可以与联合创始人协商，在综合考虑各方面要素的基础上，侧重为既出资又出力的经营方分配更多股权。当然，在这一阶段的股权分配结果，一定要做到各方满意，同时还要将股权分配方案形成相应的文件或公司章程规定。

如果在融资阶段，创业者需要让渡一些股权给投资方，以便顺利获得融资。此时，股权分配如果过多侧重经营方，可能导致融资失败。

在融资阶段中，创业者在进行股权分配时既要慷慨大方，也要小心谨慎。慷慨大方是指在进行股权分配时，可以给予资本方足够的股份，来获得必要的融资支持。而小心谨慎是指创业者在分配股份时，应该掌握分寸，以防拿到了融资资金，却失去了对公司的控制权。

在探讨股权分配究竟该侧重经营方，还是资本方问题时，看上去，似乎是一种两难困局，但实际上，通过一些股权架构设计，是可以很好解决这一问题的。

2005 年，阿里巴巴进行第四次融资，获得了雅虎的 10 亿美元投资。雅虎通过此次投资，获得了阿里 40% 的普通股，同时还获得了 35% 的投票权。如果当时阿里的经营团队不付出如此高占比的股权，又怎能获得这笔资金呢？阿里的经营团队并没有因此而失去对公司的控制权，反而借助这笔资金让公司进入了新的发展阶段。

大多数初创公司，都会经历一段"烧钱时光"，为此，创业者或多或少都会经历"拿股权换投资"的过程。在这个过程中，有的创业者既获得了投资，也掌握着公司的控制权，而有的创业者虽获得了投资，却失去了公司的控制权。后者的结果归根结底，在股权分配时，没有协调好经营方和资本方的利益。

在这一问题上，一个简单的解决方法是用有限制的股权，去换有限的钱，而不能为了获得更多的钱，交出更多不受限制的股权。

所谓有限制的股权，正如上面提到的雅虎获得了 40% 的阿里普通股，却只拿到 35% 的投票权。在融资过程中，创业者可以将表决权和分红权分开，给予资本方足够的分红权，而在表决权上对其加以限制，以此来保护自己的控制权。

在股权分配问题上，经营方与资本方之间究竟是大灰狼与小红帽的关系，还是伯乐与千里马的关系，需要具体问题具体分析。创业者如果独断专行，资本方就需要有权利来维护自己的利益；资本方如果蛮横无理，创业者也需要有权利来维护自己的利益。

因此，在进行股权分配时，经营方与资本方应该多协商、多沟通，从而形成双方都满意的股权分配方案。而在融资过程中，同样需要双方多协商、多沟通，力求在维护双方利益的情况下，完成股权分配工作。

自 2012 年上线以来，猫眼电影始终坐着在线票务平台的头把交椅，但维持行业第一的位置，对猫眼来说并没有那么容易。除了要应对淘票票的全力追赶，自身的亏损问题也始终没有得到解决。

除此之外，猫眼电影自身错落复杂的股权结构，也对其融资造成了或多或少的影响。从猫眼港股上市的招股书中，可以清楚地了解到猫眼的股权结构。

猫眼电影的前身是美团娱乐部门的在线电影票务业务，在美团与大众点评合并后，大众点评的娱乐业务也被猫眼电影整合。到了 2016 年，猫眼电影正式从美团剥离，开始独立开展电影和娱乐业务。

猫眼电影独立后，美团引入了光线传媒作为战略投资人，光线传媒则通过现金和股票的方式，换得了猫眼电影 57.4% 的股权。在 2017 年，光线传媒又以 17.76 亿元的对价获得了猫眼电影 19.73% 的股权。至此，光线传媒成了猫眼电影的第一大股东。

在光线传媒之后，腾讯也进来了。此时的猫眼电影不仅与竞争对手微影完成合并，同时还获得了腾讯提供的微信和 QQ 等核心渠道。

在光线传媒和腾讯入局后，美团点评的猫眼电影股权遭到稀释，即使如此，美团点评对猫眼电影的支持也是不遗余力的。在使用美团 App 时，用户可以在最显眼的位置找到猫眼电影的入口，为猫眼电影带来不少用户。

可以看到，猫眼电影背后的股东团队是非常豪华的，既有互联网行业巨头腾讯，也有影视行业巨头光线传媒，同时还有美团不遗余力的支持。拥有如此豪华的股东阵容，猫眼电影获得更多的市场份额也是理所当然的，但过多股权掌握在投资方手中，在很大程度上也限制了猫眼电影的发展。

从猫眼电影的发迹史来看，这家公司似乎并没有一个明确的创始人团队，脱胎于美团的猫眼，在接连获得光线传媒和腾讯的投资后，自身的美团基因也开始弱化。过度依靠美团和腾讯为自己提供的流量，使得猫眼没办法将大量活跃用户掌握在自己手中。

相比于阿里与淘票票的亲密关系，猫眼电影与腾讯之间没有那么亲密，腾讯只是将猫眼电影作为在线票务业务的一支补充力量，维持与阿里之间的平衡，虽然为猫眼电影提供了重要的入口资源，但猫眼电影能否始终保持对淘票票的优势，并不能过早下结论。

除了腾讯的态度外，猫眼电影的发展还需要看光线传媒的态度，能否从光线传媒获得更多支持，也成为猫眼电影发展的一个关键因素。从猫眼电影上市之前的招股书来看，猫眼电影自身的亏损情况始终没有得到缓解，而且这种亏损还不知会持续到什么时候。

相比于两大股东手中的股权，猫眼电影经营团队持有的股权相对较少，但这并不妨碍他们在公司中的话语权。

经营团队有话语权，外部股东也很有话语权，这看上去就很奇怪。艰难的上市之路以及上市之后不容乐观的境遇，似乎成为这种奇怪股权结构的一种外在表现。猫眼电影各股东能否通力合作，也成为其是否可以扭亏为盈、逆转颓势的一个决定因素。

◉ 第四节 股权架构设计要提防"门口的野蛮人"

> 一句话干货：
>
> 在进行股权架构设计时，要相应增加一些反恶意收购条款，防止出现"野蛮人入侵"带来的公司经营风险。

"门口的野蛮人"这一概念诞生于 20 世纪 70 年代的美国资本市场，当时大多数美国上市公司股权结构较为分散，公司的实际控制权多是掌握在职业经理人手中。由于通货膨胀的影响，这一时期的上市公司管理层鲜有创业之初的激情，公司的日常管理结构越来越松散。

与职业经理人创业热情消逝不同，此时资本市场中的资本家斗志昂扬，他们开始运用娴熟的技巧，通过一系列资本运作，将管理结构松散的上市公司收购，获取了丰厚的资本回报。

这些资本家有些会联合上市公司管理层，有些则对管理层充满敌意，后者正是所谓的"门口的野蛮人"。

想要收购上市公司，需要支付的市值对价往往是很高的，但资本家通过各种杠杆可以轻松调动几十亿，甚至上百亿美元。一番资本运作之后，不付出任何成本，资本家便将巨额资金握在了自己手中。

获得巨额资金后，资本家会通过收购上市公司股票的方式，来实现对上市公司的控制。而在成功收购上市公司后，资本家会选择让其退市，根据美国公司法的规定，资本家可以通过将收购公司与被收购公司合并，从而将自己筹措资金的债务转移到被收购公司。

除了转移债务外，资本家还会通过甩卖被收购公司的部分业务，来制造一种"净利润逐年增长"的假象。这样在退市一两年后，资本家就可以凭借"光鲜"的报表，重启上市。如果股市处在牛市之时，这种重新上市的公司就很容易获得较高的估值。

从整个过程来看，资本家几乎没有动用自己一分的资金，却获得了难以计数的利润回报。

此类资本运作不仅对上市公司发展毫无意义，而且对实体经济增长也毫无贡献，只是资本家敛财的工具与手段。

在中国资本市场中，国有公司和民营的家族性公司股权集中程度相对较高，投资者通过公开市场大比例买入股票的方式，很难实现对这两类公司的控制。但对于那些股权较为分散的公司，通过公开市场大比例买入股票，投资者就可以轻松实现对公司的控制。

但由于中国的公司法与美国不同，即使控制上市公司后，也没办法将债务转移到上市公司，更不能通过退市再上市的方式来赚取估值差。在控制公司后，投资者只能继续推动公司向好的方向发展，以保证在偿还杠杆债务的同时，获得更多附加收益。

在当前中国市场中，投资者的资本运作还达不到"野蛮人"的标准。但对于创业者来说，自己辛辛苦苦创立的公司被轻易夺走，在情理上是无法接受的。更何况，上市公司易主后，新的控制者能否将公司发展得更好，也是个未知数。

因此，为了避免这种情况，创业公司在发展之初应该有针对性地设计好股权架构，防止出现股权过于分散的情况，不给"野蛮人"可乘之机。即使出现"野蛮人入侵"情况时，创业者也需要及时采取必要措施加以应对，以确保公司控制权的稳定。

面对"野蛮人入侵"，怎样才能保障公司控制权的稳定？如果在公司刚成立时遇到这个问题，可使用"同股不同权"的方法来保障公司控制权。如果在公司发展阶段遇到这个问题，可采取的手段就相对有限了，"毒丸计划"虽然可以防止恶意收购，但是一种"杀敌一千，自损八百"的手段。

2005年，盛大打算通过收购新浪，来扩充自己的业务版图，寻求进一步发展。由于当时新浪股权分散，盛大很快通过资本运作，收购了19.5%的新浪股份，成为新浪的第一大股东。

在收购这件事上，盛大虽有意，新浪却无心，为了防止被盛大收购，新浪推出了"毒丸计划"。

杀敌一千，自损八百的"毒丸计划"

图解页 **12** | 当遇到"门口的野蛮人"，通过正常的方法无法保住公司的控制权时，创业者就不得不考虑一下"毒丸计划"了。

> "毒丸计划"，又被称为"股权摊薄反收购措施"或"股东权益计划"，作为一种重要的反收购防御手段，可以帮助公司原有股东以较低价格获得大量公司股份，在稀释公司股份的同时，抬高收购方的收购成本，从而防止不断地恶意收购行为。

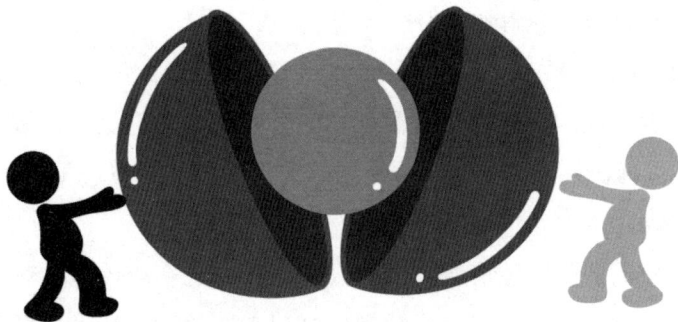

> 优先股计划主要是指外部投资者在收购公司大量股票（10%或20%）后，持有优先股的股东可以要求持有大宗股票的股东，以过去一年购买普通股或优先股的最高价格，赎回股东手中的优先股。

> 股份购买权利计划主要是公司赋予股东的一项权利，这项权利允许其在公司被收购时，以一种远低于市场价格的优惠价（通常为市价的一半）买入或收购公司股票。

◎ 解析："毒丸计划"虽然不能直接阻止收购者的收购行为，但为收购者设置了极高的收购门槛，即使收购者愿意以高溢价收购股东手中的股份购买权，也很少有股东愿意出售，这在很大程度上保障了公司控制权的稳定。

　　新浪发布声明称，公司将为 2005 年 3 月 7 日记录在册的股东所持有的每一股股票，赋予一份购股权。如果盛大持有新浪的股票达到 20%，新浪的股东就可以用手中的购股权，以半价方式来购买增发股票。这样一来，新浪的股份就会瞬间稀释，盛大如果想继续控股新浪，要付出更大的成本去收购股东手中的股票。

　　面对这种情况，盛大进退维谷，在此之后，盛大并未继续增持新浪股份，而是在 2006 年底将手中的新浪股份减持到 11.4%，此次收购事件也逐渐归于平静。

　　很显然，新浪使用的正是"毒丸计划"中的股份购买权利计划。当然，如果收购者依然选择继续收购目标公司的股份，当"毒丸计划"触发时，不仅收购者占不到便宜，目标公司也将蒙受一定的损失。"毒丸"之毒，也正在于此。

● 第五节　股权与贡献倒挂，是一件很危险的事情

　　一句话干货：

　　　股权与贡献倒挂，是股权架构设计中的暗雷，如果不及时排除，很可能会引发严重风险。

　　创业公司在初创时，会根据联合创始人的不同能力进行分工，有的联合创始人懂技术，就负责技术研发；有的联合创始人有资源，就负责产品销售；有的联合创始人懂运营，就负责客户营销。由此，根据不同联合创始人负责工作的轻重以及出资额的多少，初创公司会形成一个基础的股权架构方案。

　　新创立的公司，没有明晰的商业模式，但对于未来发展方向，原始创始人和其他创始人或多或少会有一些长远的计划。很多初创公司的股权架构设计就是在这种长远的计划下形成的，不同的发展的计划，会有不同的

股权分配方案。

在初创公司的股权分配中，股权与贡献相匹配是一个重要的股权分配原则，这里提到的贡献，既包括联合创始人的出资，也包括联合创始人在公司中担负的职责，是一个需要全面考量的问题。

在大多数初创公司中，将出资额作为贡献要素，进行股权分配，是一种最为简单的股权分配方法。还有一些初创公司会把技术要素和资源要素与出资额相结合，由此来进行股权分配。相比之下，将各种要素相结合来评定贡献，再去进行股权分配，是一种比较合理的股权分配方法。

在苹果公司成立之初，乔布斯与沃兹尼亚克各占45%股权，而第三个联合创始人只有10%股权，这是综合各方面要素来确定的股权分配方案。

可能会有人提出疑问：初创公司业务还没开展，怎么就能完全衡量出每个联合创始人对公司的贡献呢？也有很多看上去对公司至关重要的联合创始人，在实际工作中能力不足，这岂不是对持有较少股权的联合创始人不公平吗？

这一问题所提到的正是股权与贡献倒挂的问题，对于初创公司来说，业务工作还未完全开展，究竟哪个联合创始人对公司贡献更大，是不容易判断的。单纯根据不同联合创始人所担负工作的重要性来判断其对公司的贡献，或者单纯以出资额来评定联合创始人对公司的贡献，都可能引起股权与贡献倒挂的问题。

当初创公司进入发展阶段后，创业团队的分工可能会发生变化，随之而来的联合创始人对公司的贡献也可能会发生变化。股权与贡献倒挂问题，大多会出现在这一阶段，如果不及时解决这一问题，很容易导致贡献多的联合创始人心生不满，为日后股权纠纷埋下隐患。

其实，这种股权与贡献倒挂的问题，只要稍微调整一下股权架构就能解决了。从大多数商业实例来看，只有较少公司通过调整股权，解决了股权与贡献倒挂的问题，即使解决了这一问题，也对公司造成了不小的内耗，或多或少影响了公司的发展。

因此，在创业之初，创始人应该着力关注贡献与倒挂的问题。在选择

各不相同的股权分配方案

图解页 **13** 不同的公司有不同的股权分配方案，在设计股权分配方案时，一个重要的考虑就是防止贡献与股权倒挂。

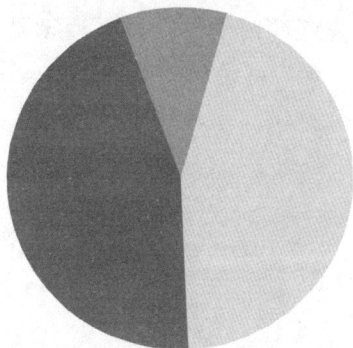

苹果公司初始股权分配

- 乔布斯
- 沃兹尼亚克
- 韦恩

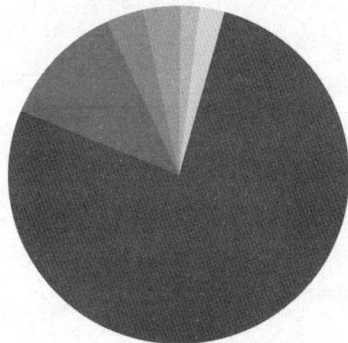

亚马逊公司初始股权分配

- 杰夫·贝佐斯
- 持股人
- 持股人
- 持股人
- 持股人
- 持股人

◎ 解析：如果初创公司的股权分配太随意，很容易出现初创公司股东在中途退出，然后在公司做大之后享受股权的问题。

联合创始人时，应该对联合创始人的工作能力和秉性进行考察，以免出现能不配位的情况。

在确定好联合创始人之后，设计股权架构时，不要以硬性的比例去划分股权，尽量选择以结果为导向的可调整的动态股权架构。创业者可以明确股权分配标准和贡献指标，同时公布具体的分配程序和规则，让不同的联合创始人在公司内部进行良性的竞争，最后根据结果来分配股权。

这种动态可调整的股权架构，比直接确定股权比例的分配方式更灵活，在公司发展的不同阶段，都有极强的可操作性。这种股权分配方法既能够解决股权与贡献倒挂的问题，也是一种重要的股权激励方法。

第四章 股权架构设计核心——控制权保护

● 第一节 控制权是创业者的生命线

> **一句话干货：**
>
> 　　手中没有控制权的创业者，不是被请出公司，就是被踢出公司，虽然方式不同，但结果是一样的。控制权不仅是公司的命脉，同时也是创业者的生命线。

　　在股权架构设计过程中，创业者需要重点关注的内容有很多，其中，控制权保护是最为紧要的，也是重中之重的问题。

　　作为公司治理的核心议题，现代社会的许多商业矛盾都是围绕着控制权问题展开的。前面提到的真功夫案例，正是一起争夺公司控制权的典型案例；而雷士照明案例则是创业者在股权架构设计中，缺少对控制权的保护，致使创业者被赶出公司的典型案例。

　　像乔布斯这般取得了诸多伟大成就的创始人，也会栽在控制权问题上，更不要说刚刚进入商业市场，还未接触股权设计的年轻创业者了。

　　因此，相比于股权架构设计的其他内容，控制权保护应该成为创业者进行股权架构设计的核心。

　　所谓控制权保护，是指创业者利用规则设计来保障自己对公司各种资源的有效支配，保障自己的决策意见能够得到有效落实，保障公司可以按照自己的规划来稳定发展。作为股权架构设计中的核心问题，控制权是创业者参与公司经营的重要权利。如果创业者失去了控制权，初创公司也就失去了原有的生命力。

失去控制权后，一些创业者可能会继续留在公司，但大多数创业者会黯然离开。对于创业者来说，这可能比创业失败，更难以让人接受。为了避免这种情况的发生，创业者在公司成立之初，应在股权架构设计时做好控制权保护的工作。

在股权架构设计时，谈到控制权保护，一般会涉及三个方面的内容，分别是股权控制、治理控制和管理控制。其中，股权控制最为重要。

股权控制主要是指通过占有较高的股权比例，来实现对股东会的控制，在控制股东会之后，再逐步实现对董事会、监事会和管理层的控制。在前面的章节中，我们所提到的绝对控股和相对控股，正是针对股权控制而言的。

治理控制主要是指通过制定一些具体规则，来实现对公司的治理，从而达到控制公司的目的。相对而言，现代商业社会中，治理控制的应用要比股权控制更为广泛，尤其是对那些经常融资的互联网公司来说，治理控制比股权控制更容易操作。

管理控制主要是指对公司日常经营管理的控制，一般会通过控制董事会等方式，来实现对公司的控制。这种控制权保护举措是较为基础的，也较为直接的，比较适合初创公司以及还未达到成熟期的公司。除了控制董事会外，还可以通过控制法定代表人身份，或公司的印章或证照，来实现对公司的管理控制。

对于初创公司来说，真正涉及控制权旁落风险，往往是在融资阶段。如果在融资之前，创业者没有做出一个相对完善的股权架构设计方案，不仅融资进程会受到阻碍，而且还可能造成"野蛮人入侵"的不良后果。

公司的发展，需要持续不断的资金支持，除了依靠公司自身不断创造收益外，对外融资也是一种获得资金的必要方式。但对于公司创始人来说，运用股权进行融资，必然会带来自身股权不断稀释的问题。

控制权保护是公司创始人的必修课

图解页 **14** | 在股权架构设计时，创业者需要设计各种规则来保障自己对公司的控制权，如果缺少必要的规则，可能会出现控制权旁落的风险。

控制权保护可以帮助创业者的决策意见得到有效落实，保证公司能够按照自己的规划正常发展，但绝不是保障创业者"一言堂"的机制。如果创业者用其使自己在公司中获得"垄断地位"，就违背了股权架构设计的初衷。

股权控制

治理控制

管理控制

管理控制

控制董事会最主要的手段，就是控制董事的提名权和罢免权。创业者之外的人如果没办法提名和罢免董事，他们也就没办法争夺公司的控制权。

治理控制

通过公司章程和一些协议、合同确立必要的规则，来确保创业者能够有效实现对公司的治理，以此达到控制公司的目的。

股权控制

创业者掌握了控股权，就能控制股东会决策，从而控制公司。在这一过程中，创业者需要把握好融资节奏，懂得在什么阶段融多少资。

一些创业者因为缺少股权融资方面的知识，盲目融资，公司估值不断水涨船高，但会为日后埋下了较大隐患。创业者如果盲目融资，追求眼前利益，而不对股权稀释问题做出有效应对，很可能出现控制权旁落的风险。

股权稀释最直接的体现就是创业者持有的公司股份比例大幅减少，最直接影响是降低对公司的股权控制力。

在没有控制权保护的前提下，如果创业者的股权低于66.7%，将失去对公司的绝对控制权，一些公司的特殊事项，需要获得其他股东认可，方可施行；如果创业者的股权低于51%，将失去对公司的相对控股权，一些简单事项的决策，也需要其他股东支持，方可施行。

当然，如果创业者在股权架构设计之初，采取一些措施对控制权保护，即使在融资之后，自己手中只剩下1%的股权，也能实现对公司的控制。

从当前商业市场中的控制权保护实例来看，获得公司控制权的方法有很多。但对于创业者自身而言，根据自身的目标诉求以及面临的实际问题来设计股权控制架构，比照搬市场上现有的股权控制架构稳妥得多。

在早年的访谈节目中，某电商平台创始人曾详细谈过自己对公司控制权问题的看法，他说："当一家公司的规模发展到一定程度时，股权必然会高度分散，从此，公司就不再属于哪一个人，发展到最后，所有成功的公司，都是属于社会的，所以对于控股权，我没有任何特殊的兴趣。"

作为创始人，竟然对公司"控股权"毫无兴趣，这听上去似乎有些矛盾，但通过对其所创立公司发展历程的详细分析，我们可以发现其中的秘密所在。

在公司成立之初，这个创始人对公司拥有绝对控股权的。但随着一次次融资，他手中的股权开始慢慢稀释，绝对控股权也随之丧失。

在失去绝对控股权后，这个创始人并没有急于获得更多融资，而是减缓了公司的融资速度。当公司不需要更多资金来扩大生产时，融资反而是一件危险的事情。

相比对控股权的忽视，他对股东会和董事会的控制权，是极为重视的。在融资过程中，这个创始人虽然让出了公司股权，却限制了投资人的投票权，通过 AB 股模式，他以 18.8% 的股权，控制着公司 82% 的投票权。同时在公司的九人董事会中，这个创始人因拥有四个席位而占有绝对主动权。

这样一来，在控制了股东会和董事会之后，这个创始人基本上实现了对公司的全盘控制。这对于"不能控制公司，就要卖掉公司"的他来说，是比较满意的结果。

创业者牢牢掌控公司控制权，不能说一定是好事，或一定是坏事。如果创业者独断专行，走向错误的道路，因为掌握控制权，其他人没法阻拦。如果创业者远见卓识，为公司未来画好了蓝图，即使其他人反对，也要按计划执行。

第二节　AB 股双重股权架构，同股不同权

一句话干货：

AB 股就是将股票分为 A 股和 B 股，同股不同权。对外部投资者发行的 A 股每股只有 1 票投票权，公司管理层持有的 B 股则每股有 N 票投票权。

对股票市场了解不深的创业者，听到 AB 股时，可能会觉得非常神秘。实际上，其内核非常简单，"同股不同权"几个字便可概括其实质作用。

AB 股模式就是指在股票发行时，将股票分为 A 股和 B 股，对外部投资者发行 A 股，公司管理层则持有 B 股。在投票权方面，A 股的每股只有 1 票的投票权，而 B 股的每股拥有 N 票的投票权。也就是说，在投票权上，B 股是 A 股的 N 倍，N 的数值通常为 10。

分析 AB 股内容，可以看出，这是一种公司管理层确保掌握公司控制权的方式。随着越来越多投资人的加入，公司管理层的股份虽然不断被稀释，但控制权并没有被过多削弱，管理层依然可以牢牢掌握公司的控制权。

相比于传统公司，AB 股模式更多受到科技公司的青睐。科技公司在

发展过程中需要大量资金，在筹集资金的过程中，如果按照"同股同权"的原则，创业者对公司的控制权就会在一次次融资中被削弱，最终导致失去对公司的掌控。如果想在"同股同权"原则下，继续掌握公司控制权，创业者只能缩小融资规模，但这又会影响公司发展。所以，对于前期需要大量"烧钱"发展的公司，AB 股是一种比较好的解决方法。

现在，美国大多数科技公司都在采用 AB 双重股权架构。创业者凭借不到 20% 的股份，掌握着公司近 60% 的表决权。

在这里，可能会出现一个问题：投资人为什么会愿意接受投票权较少的 A 股呢？这主要取决于投资人对自己的角色定位。一般来说，真正优秀的投资人更愿意成为"CEO 的伙伴"，而不是站在他们的对立面，与他们争夺公司的控制权。

俄罗斯亿万富翁尤里·米尔纳的投资之道就是，通过高估值投入大批资金，获取少数股权，而并不刻意追求董事会席位和投票权。大多数投资人更愿意让创始人继续打理公司，自己只是充分接受丰厚的收益。

另一方面，在 AB 股双重股权架构中，B 类股票不能公开交易，如果想要转让，就必须先转换成 A 类股票。这样来看，A 类股票虽然损失了投票权，但在利润分配和优先受偿方面都会优于 B 类股票，这也算是各有利弊。

关于创业者掌握公司控制权的问题，AB 股双重股权架构确实是一个较好的解决方法。但事实上，如果过分依赖这种股权架构，也会产生一些负面的影响。

AB 股双重股权架构的核心在于"同股不同权"，其最终目的是让创业者掌握公司的控制权。如果将绝大多数投票权都集中在创业者手中，真的就是一件好事吗？

很显然，"一言堂"的办事模式，无论在哪个行业，哪个公司都是利弊共存的。如果创业者决策正确，公司便可以获得良好发展。如果创业者决策错误，却仍然一意孤行，公司的其他股东就会成为"陪葬者"，他们即使想阻止，但由于受投票权所限，也是无能为力的。

需要注意的是，《公司法》明确规定，股份的发行，实行公平、公正的原则，同种类的每一股份应当具有同等权利。这表明在国内发行股票必须同股同权，同股同利。也就是说，AB 股模式在我国是无法实行的。

虽然 AB 股模式无法实行，但股东可以在公司章程中做出特别约定，一些股东可以将部分权利让渡给其他股东，从而让特定股东的投票权比例超过其股权比例。这种方式也能实现类似 AB 股双重股权架构的作用，实现"同股不同权"。

创业者只要通过细致地股权架构设计，能更为直接地保障自己对公司的控制权。当然，如果国内创业者选择去国外上市，可以采用 AB 股双重股权结构了。这一点，我们在下面的实例分析中进行详细论述。

在百度上市之前的第三次融资中，Google 的参股让人大为不解。许多投资人认为 Google 投资百度，其目的在于通过控制并收购百度，从而进军中国市场。既然如此，百度为何非要接受 Google 的投资呢？这难道不是引狼入室吗？

百度自然也很清楚 Google 的目的，但从另一方面来讲，引入 Google 无疑为百度上市做了最好的品牌背书。只要百度能够牢牢将控制权掌握在自己手中，Google 收购百度的计划就不会实现。为此，百度制定了一项"牛卡计划"。

百度的"牛卡计划"就是前面我们提到的"AB 股双重股权架构"。百度上市共准备发售 404 万股美国存托凭证，占已发行总股本的 12.5%。IPO 发行后百度扩大总股本为 3 232 万股，其中包括了 A 类普通股和 B 类普通股。

A 类股票是百度在公开市场发行的股票，每股拥有一票的表决权。而 B 类股票则为所有原始股份，每股拥有 10 票的表决权。当 B 类的股票发生外部转让行为时，这些股份将立即转为同等数量的 A 类股份。

这就意味着 A 类股票的持有者相对于 B 类股票的持有者而言，只拥有 1/10 的表决权，而通过收购获得 B 类股票的人则只享有 A 类股票持有人的表决权，但两类股票在收益上是一样的。

就 Google 来说，因为百度此次上市发行的股票只占其总股本的 12.5%，即使 Google 收购了全部发行的股份，依然无法在百度中成为最大

AB股双重股权结构

图
解
页 **15** | AB股双重股权结构作为一种同股不同权的股权架构，可以有效避免创始人股权被稀释所引发的控制权旁落危机。

《中华人民共和国公司法》第五章第一百二十六条规定，股份的发行，实行公平、公正的原则，同种类的每一股份应当具有同等权利。同次发行的同种类股票，每股的发行条件和价格应当相同；任何单位或者个人所认购的股份，每股应当支付相同价额。

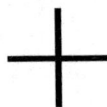

A类股票   B类股票

主要对外部投资者发行，每股具有 1 票投票权，可以公开交易。

主要对公司管理层发行，每股具有 N 票投票权，不能公开交易。

◯ 解析：根据我国法律规定，在我国大陆地区上市的公司暂不可使用 AB 股双重股权架构，在设计控制权保护方法时，创业者需要考虑其他方法。

的股东，因为在百度的股本架构中，李彦宏持股 22.9%。

而对于 Google 想要通过收购原始股份，也就是收购 B 类股票来达到控制百度的想法，"牛卡计划"对此有着很好地预防，当 Google 收购了 B 类股票之后，这些 B 类股票将立即转化为 A 类股票，其所占有的权重也随之下降 10 倍，这种收购原始股的行为就失去了意义。

"牛卡计划"从根本上防止了百度上市后被收购的问题，按照"牛卡计划"的规定，只要最后在李彦宏的手中拥有不少于 11.3% 的股份，即使是剩下的所有股份都被恶意收购，李彦宏依然拥有对百度的控制权，也就是说，如果李彦宏不想卖掉百度的话，没有人可以通过收购的手段来获得百度的控制权。

在百度成功上市后，Google 宣布已经出售了百度的股票，对于当时的 Google 而言，"牛卡计划"的钳制使得其收购百度的计划化为泡影。

不论百度当前发展现状如何，但在当年上市时实施的"牛卡计划"，确实充分展现了 AB 股双重股权结构的优势，这一点是很值得创业者学习。

● 第三节 有限合伙企业持股，放大控制权

> 一句话干货：
> 有限合伙企业持股是一种使用频次很高的控制权保护方法，这种只分"钱"，不分"权"的方法，可以很好地满足各方持股人的需求。

在诸多创业者中，有些人以分散股权的方式来帮助公司快速发展，同时又害怕因此而失去控制权。

这类创业者在每一次融资前都会犹豫"该不该融资，该不该分权"，最终错过一次次的融资机会，等到公司运转不下去之后，再紧急融资求生。殊不知，创业者在这种情况下进行融资，不仅会让自己陷入被动，而且会增加控制权旁落的风险。

其实，这类创业者如果多了解一些股权架构设计方面的知识，就不会担忧控制权旁落，因为通过一些简单的股权架构设计，创业者可以在确保控制权的情况下，获得足够的融资支持。

通俗地说，如果我们将股权粗略划分，创业者手中的股权包含着"钱"与"权"两方面内容，"钱"代表的是股权中的财产权，而"权"代表的则是股权中的表决权。创业者想要在融资过程中保障自己的控制权，那就需要与投资方协商好，只分"钱"，不分"权"，落实好这一点，就能实现对控制权的保护。

在众多控制权保护方式中，成立有限合伙企业，并通过有限合伙企业持有上市公司股份是一种较为常用的分股不分权的做法。

2007年6月1日，修订后的《合伙企业法》正式施行，有限合伙企业也从概念变为现实，一批有限合伙企业纷纷成立。这些合伙企业中，既有律师事务所、会计师事务所这样的合伙制企业，也有为了解决"钱权分离"问题，而持有上市公司股份的有限合伙企业。

普通合伙企业和有限合伙企业是两种常见的合伙企业类型，在普通合伙企业中，每个合伙人都是"普通合伙人"，而在有限合伙企业中，除了"普通合伙人"外，还有"有限合伙人"。

在合伙企业中，"普通合伙人"需要对合伙企业的债务承担无限连带责任，"有限合伙人"则只需要对合伙企业的债务承担有限责任。与此同时，有限合伙企业中的"普通合伙人"拥有参与企业日常经营管理的权利，而"有限合伙人"并不需要参与企业管理。

看上去"普通合伙人"承担无限连带责任，而"有限合伙人"只需要承担有限责任，似乎有些不公平。但实际上，"普通合伙人"在承担无限连带责任的同时，也掌握着合伙企业的全部决策权，而"有限合伙人"只拥有利润分配权，并没有决策权，这正是创业者实现控制权保护的主要依托。

从上面的介绍可以看出，通过有限合伙的方式，可以较好地将股权中的财产权与表决权分离。创业者通过这种方式，虽然让渡了财产权，却依然掌握着表决权，由此实现了对有限合伙企业的控制，进而再利用有限合伙企业获取有限责任公司的决策权，便能够在"钱权分离"的情况下，实现对有限责任公司控制权的保护。

在某知名演员的离婚风波中，一家公司的几次股权变更，成为投资者关注的重点话题。这一系列成功的股权变更操作，可以算是众多控制权保护中的经典案例。

这家公司成立于 2010 年，主要从事影视项目策划、研发、制作等工作，是一家综合性传媒公司，我们暂且称其为"A 公司"。A 公司成立之初，这个演员作为实际出资人并未直接持股，而是将 95% 的股权交由妻子持有，剩余 5% 的股权则由其哥哥持有。

在 2014 年 9 月，这家公司进行了第一次股权变更，在增加注册资本的同时，公司股东也变成了这个演员的妻子和任姓股东。2015 年 8 月，A 公司再次增资扩股，这个演员妻子手中的股份虽然遭到稀释，但依然拥有对公司的绝对控股权。

到了 2016 年 3 月，A 公司进行第三次股权变更，这一次，自然人股东中没有了这个演员妻子的名字，这个演员和其经纪人的名字则出现在股东名单中。此次股权变更后，这个演员、任姓股东和演员的经纪人在 A 公司的持股比例分别为 62%、15% 和 13%。

此次股权变更不到一个月，这家公司又进行了第四次股权变更。这一次，公司的股东变成了这个演员和一家投资管理合伙企业，其中，这个演员持有 5% 的 A 公司股份，而这家投资管理合伙企业作为法人股东持有 95% 的 A 公司股份。

这家投资管理合伙企业成立于 2016 年，主要从事投资相关工作，需要注意的是，这是一家有限合伙企业。

这家企业的资产分配比例为：这个演员占 37.5%，任姓股东和演员经纪人各占 31.25%。其中，这个演员为该企业的普通合伙人，对企业债务承担无限连带责任并拥有企业事务的决策权，而另两个合伙人为有限合伙人，不参与企业经营管理，只享有财产收益权。

在成立一个月后，这家投资管理合伙企业也进行了合伙结构变更，演

有限合伙企业持股

图解页 **16** | 有限合伙企业持股可以兼顾各方权益，是一种多赢的股权架构设计方法，在股权激励时也有一席"用武之地"。

有限合伙企业持股的应用场景

场景一：通过成立有限合伙企业，将股权中的财产权和表决权分离，创始人让渡财产权，手握表决权。

场景二：建立有限合伙企业作为员工持股平台，将财产权和表决权分离，创始人手握表决权，员工享有财产权。

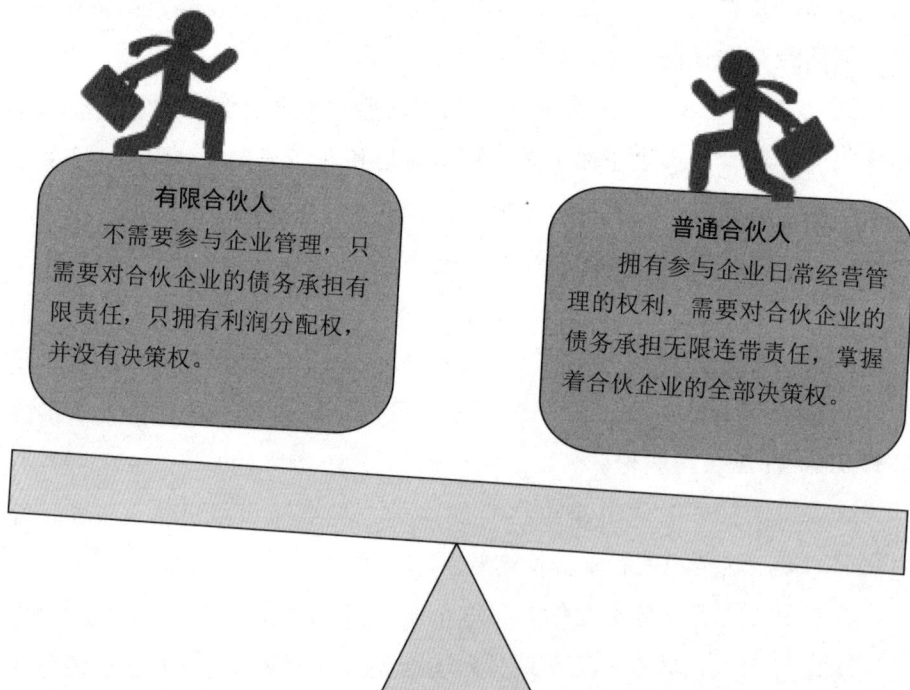

有限合伙人
不需要参与企业管理，只需要对合伙企业的债务承担有限责任，只拥有利润分配权，并没有决策权。

普通合伙人
拥有参与企业日常经营管理的权利，需要对合伙企业的债务承担无限连带责任，掌握着合伙企业的全部决策权。

◎ 解析：成立有限合伙企业，持有有限责任公司股权，是当前使用频次较高的一种"分股不分权"的股权架构设计方法，对于解决"钱权分离"问题，保护有限责任公司的控制权，具有十分重要的意义。

员的经纪人手中的资产份额以原价转让给了演员的妻子，由此，演员的妻子成为这家投资管理合伙企业的有限合伙人，演员的经纪人退出。

经过此番调整，再回过头来看 A 公司的股权架构。在此时的 A 公司中，这个演员直接或间接持有约 40% 的股权，而任姓股东和演员的妻子只是间接通过投资管理合伙企业持有 A 公司近 30% 的股权。

可以说，此时 A 公司的控制权已经从演员的妻子手里，转移到了演员自己手里。由于任姓股东是演员的现任经纪人，如果其手中的 A 公司股权是替演员代持的话，这个演员便手握近 70% 的 A 公司股权，可以说已经获得了这家公司的绝对控制权。

正是通过成立有限合伙企业，这个演员才获得了 A 公司的绝对控制权。如此一来，演员妻子即使仍然是 A 公司的法人代表，也没办法再参与该公司的经营管理。

通过有限合伙企业持股，实现对有限责任公司控制权的保护，不只有成立有限合伙企业的一种用途，在这种用途之外，一些上市公司还会成立有限合伙企业对员工进行股权激励。上市公司做股权激励时，如果将股权中的财产权和表决权一同分给员工，很容易造成公司股权分散，进而带来诸多不必要的公司治理问题。

此时，建立有限合伙企业，将其作为员工持股平台，不仅能解决"钱权分离"问题，同时还能帮助员工减轻一定的税费负担。

2001 年，某科技公司在成立三年后开展股权激励，最初，这家公司让员工通过两家持股公司间接持有本公司的股份。之所以使用这种方法，一方面是为了实现"钱权分离"，另一方面也是为了集中管理这部分股权。随着限售股解禁日的到来，巨额的套现税费却成了享受股权激励员工难以承受的重担。

为了解决这一问题，这家科技公司先是将两家持股公司迁到了对科技公司有税费优惠政策的省份，而后又将两家公司变更成为有限合伙企业。这样，员工成了有限合伙企业合伙人持有公司股权，不仅减轻了税费负担，还能享受当地一定的财税返还，很好地解决了税费过重的问题。

● 第四节　通过一致行动人协议获得控制权

一句话干货：

　　即使不是公司股东，通过一致行动人协议，也可以成为公司的实际控制人。

　　从广义角度来讲，一致行动人主要是指通过协议或其他方式，各方承诺在某些事情上保持一致行动。这里提到的各方，既可以是自然人，也可以是公司、社会组织等法人。

　　在美国资本市场中，一些基金公司为了规避5%的告知义务，在收购上市公司股权时，会选择4.99%的比例。多家基金公司每人收购4.99%，联合起来就可以达到谋取上市公司控制权的目的。为了避免这种野蛮行为的发生，美国制定了一致行动人相关的法律规定。

　　如果继续追溯"一致行动人"这一概念的历史，可以追溯到英国的《城市法典》，其中规定"一致行动人"是通过正式或非正式协议，采取必要合作，通过其中任何人取得目标公司股权，从而获得或巩固目标公司控制权的人。

　　在我国，"一致行动人"这一概念明确提出，是在2006年9月实施的《上市公司收购管理办法》。在2014年修订版的《上市公司收购管理办法》第八十三条规定，本办法所称一致行动，是指投资者通过协议、其他安排，与其他投资者共同扩大其所能够支配的一个上市公司股份表决权数量的行为或者事实。

　　在上市公司的收购及相关股份权益变动活动中有一致行动情形的投资者，互为一致行动人。如无相反证据，投资者有下列情形之一的，为一致行动人：

　　（一）投资者之间有股权控制关系；

　　（二）投资者受同一主体控制；

　　（三）投资者的董事、监事或者高级管理人员中的主要成员，同时在另一个投资者担任董事、监事或者高级管理人员；

（四）投资者参股另一投资者，可以对参股公司的重大决策产生重大影响；

（五）银行以外的其他法人、其他组织和自然人为投资者取得相关股份提供融资安排；

（六）投资者之间存在合伙、合作、联营等其他经济利益关系；

（七）持有投资者30%以上股份的自然人，与投资者持有同一上市公司股份；

（八）在投资者任职的董事、监事及高级管理人员，与投资者持有同一上市公司股份；

（九）持有投资者30%以上股份的自然人和在投资者任职的董事、监事及高级管理人员，其父母、配偶、子女及其配偶、配偶的父母、兄弟姐妹及其配偶、配偶的兄弟姐妹及其配偶等亲属，与投资者持有同一上市公司股份；

（十）在上市公司任职的董事、监事、高级管理人员及其前项所述亲属同时持有本公司股份的，或者与其自己或者其前项所述亲属直接或者间接控制的企业同时持有本公司股份；

（十一）上市公司董事、监事、高级管理人员和员工与其所控制或者委托的法人或者其他组织持有本公司股份；

（十二）投资者之间具有其他关联关系。

一致行动人的认定有相关的法律条款规定，创业者可以很好地识别或加以利用。而一致行动人协议的内容并没有法律条文的强制规定，很多时候，协议之中的内容完全是各方讨论后达成一致的结果。

一致行动人协议中，有一些共性的内容条款，也有一些个性的内容条款。

一般来说，在共性的内容条款中，重大事项决策权保持一致是较为普遍的一条，这也是形成一致行动人关系的主要目的之一。除此之外的一项条款主要是约定各方不能形成统一意见时，如何行使股东权利。此时，大多数协议会约定以各方所代表的股权大小来计算，按照少数服从多数的原则来确定一致行动意见。

需要注意的是，如果两人签署一致行动人协议，达成一致行动人关系，也要在协议中对意见不统一的情况，做出相应的约定。

如网宿科技的一致行动人协议规定，如果双方在充分协商沟通后，对有关公司经营发展的重大事项行使表决权而无法达成一致意见时，双方在股东大会上投弃权票。

除了上述一些共性内容条款外，协议各方还应该注意一致行动协议的效力延伸问题。在协议中提前做好相关约定，可以有效防止因协议效力问题而引发的一致行动人关系失效的情况。

对于一些股权结构较为分散或各股东持股数量相对较低的公司，创业者如果想要掌握公司的控制权，可以与其他股东签订一致行动人协议，形成一致行动人。由此，创业者可以实现对公司的有效控制。

形成一致行动人后，协议各方相当于结成了一个"小团体"，这个"小团体"的每个人都在股东会中，但又独立于股东会之外。

具体来说，当股东会要对某一事项进行表决时，"小团体"中的每个股东可以在这个"小团体"中先讨论一个结果，这一结果将作为"小团体"中每个股东在股东会中的表决结果。这样，当股东会就这一事项进行表决时，"小团体"中的结果就会因多数支持而通过。

当然，即使签订了一致行动人协议，也可能有股东不与"小团体"中的其他人采取一致行动，这时，这个股东将会受到一致行动人协议中约定条款的惩罚。具体惩罚主要包括处以罚金和赔偿股份等措施。

在大多数情况下，公司内股东形成一致行动人，都会对公司决策造成重大影响。因此，在上市公司中，当一致行动人持股达到一定比例（5%）及以上时，必须进行公开披露。这是为了方便投资人和监管部门及时获取相关信息，并做出相应的投资判断和监督决策。

对于隐瞒一致行动人关系的行为，一经查实，将会受到监管部门的相关处罚。

需要注意的是，除了上面提到的签署一致行动人协议并达成一致行动

一致行动人关系

一些存在天然利益关系的个体，具有一致行动人关系。不具有天然利益关系的个体，可以通过签订协议来确立一致行动人关系。

在公司收购中，一致行动人的行为在法律上会被视为一个人的行为，它们的持股数量会被合并计算。当一致行动人的持股数量达到法定持股比例时，便需要履行信息披露义务。

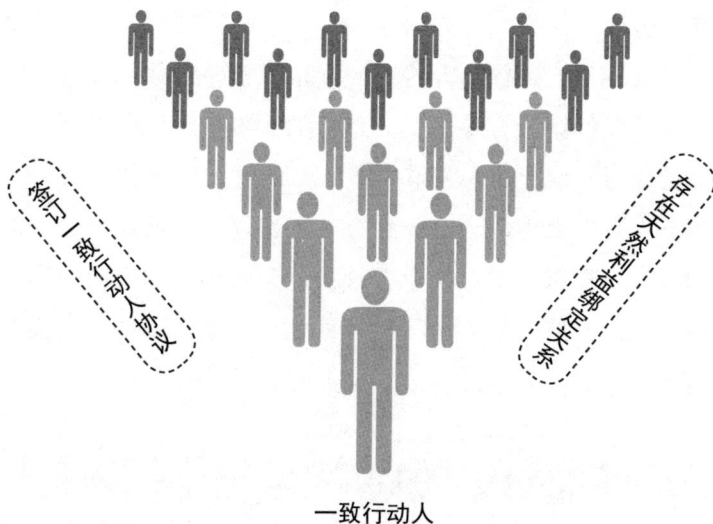

签订一致行动人协议

存在天然利益关系

一致行动人

1. 一致行动人应当合并计算所持有的股份。

2. 投资者计算所持有的股份，应当包括登记在其名下的股份，也包括登记在一致行动人名下的股份。

3. 投资者认为，与他人不应被视为一致行动人的，可以向我国证监会提供相反证据。

人关系外，存在天然利益绑定关系的各方也会被认定为一致行动人，如夫妻、子女等。这种情况的一致行动人往往会被忽略，从而出现隐瞒一致行动人关系的问题。

相对于通过有限合伙企业持股而获得公司控制权，达成一致行动人关系而获得公司控制权的效力比较有限。

首先，通过一致行动人协议达成一致行动人关系，往往会受到时间限制，也就是说当协议约定期满后，一致行动人协议就会失效。如果想要再次形成一致行动人关系，需要重新签订协议。

其次，对于为了达到一定目的而形成一致行动人关系的情况，当目的达成之后，协议便会自动解除。如果想要再次形成一致行动人关系，同样需要重新签订协议。

最后，如果签订一致行动人协议的股东因意外身故，或将手中股份进行交易，此时持股的第三方是不受一致行动人协议规定约束的。在这种情况下，也可以视为一致行动人关系的结束。

从上述三点可以看出，通过一致行动人协议，只能在一定期限内获得公司的控制权。虽然可以通过约束各种协议失效情况，巩固一致行动人关系，但很多时候，一致行动人协议的签订是一种个人行为，需要双方都同意后才能形成效力。

● 第五节　委托投票权，分股不分权

一句话干货：

　　在公司控制权争夺中，对投票权的争夺是至关重要的，这也使得委托投票权成为一种控制权保护的重要方法。

《公司法》规定，股东可以委托代理人出席股东大会，代理人应当向公司提交股东授权委托书，并在授权的范围内，行使表决权。该规定是通

过委托投票权实现控制权保护的法律依据。

所谓委托投票权，简单来说就是公司股东将自己所持公司股权中的投票表决权让渡给其他人。看上去，这似乎与一致行动人有些相似，但从具体操作细节来看，二者之间的不同还是颇为明显的。

前面提到，在一致行动人关系中，当各方意见不一致时，小股东需要服从大股东的意见，在这个过程中，小股东并没有放弃自己的表决权，只不过是遵从一致行动人协议并与大股东达成一致意见而已。

如果使用了委托投票权，作为委托人的股东将自己的表决权完全交给了被委托人行使，从某种意义上来讲，此时的委托人已经失去了自己的表决权。当然，使用委托投票权的股东多是基于约定或信任关系，双方在一定程度上可以达成行动上的一致。

在一家初创公司中，投票权与公司控制权往往是紧密相连的，不仅影响公司决策能否施行，也影响公司的重要人事任命。创业者如果在公司中拿到足够多的投票权，即使只拥有 1% 的股票，也能实现对公司的有效控制，这正是利用委托投票权实现控制权保护的主要依据。

一般来说，涉及公司控制权问题，提及较多的是绝对控制权和相对控制权。在一些公司的重大事项决策时，只有 2/3 以上表决权通过后，才可以实施；而一些公司的普通事项决策，也需要 1/2 以上表决权通过后，才能生效。

如果创业者手中持有的股权无法达到相应比例（67% 或 51%），还可以通过委托投票权的方式让自己手中的表决权超过全体表决权的 2/3，这样，创业者可以对公司的重大事项进行决策，实现对公司的绝对控制。

初创公司在经历数次融资后，创业者的股权必然会被稀释，其对公司的控制权也会随之减弱。此时，为了维护自己对公司的控制权，创业者可以与其他股东约定，获得他们的投票权。

在具体操作过程中，委托投票权的承诺必须要落实到书面上，口头承诺是没有法律效力的。创业者与委托人可以通过签署《表决权委托协议》或《股东会投票授权委托书》的方式来约定表决权委托的相关事宜，同时

委托投票权与公司控制权

图解页 **18** | 委托投票权既可以被创业者用来保障自己对公司的控制，也可以被收购者用来获得公司的控制权。

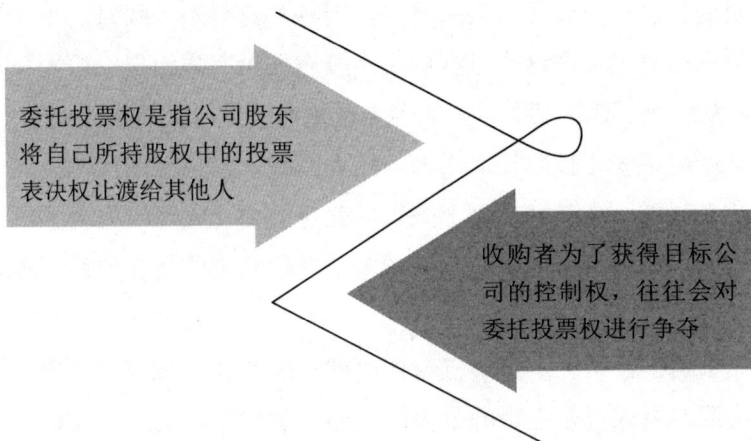

委托投票权是指公司股东将自己所持股权中的投票表决权让渡给其他人

收购者为了获得目标公司的控制权，往往会对委托投票权进行争夺

《中华人民共和国公司法》第一百零六条规定，股东可以委托代理人出席股东大会会议，代理人应当向公司提交股东授权委托书并在授权范围内行使表决权。

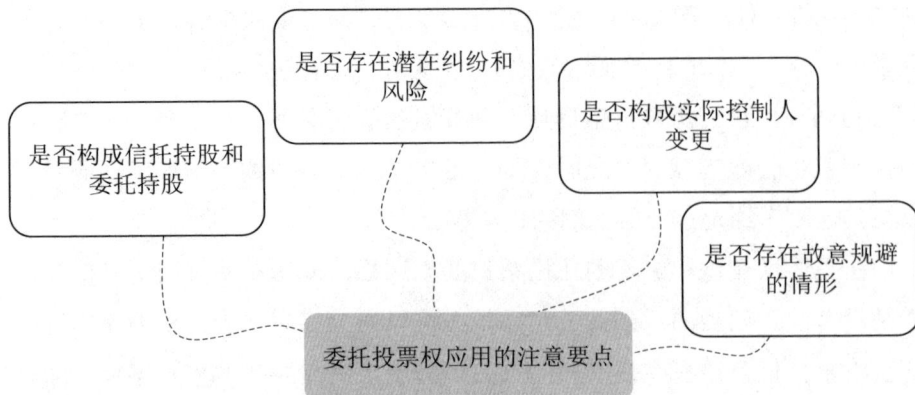

是否存在潜在纠纷和风险

是否构成信托持股和委托持股

是否构成实际控制人变更

是否存在故意规避的情形

委托投票权应用的注意要点

也可以在股东协议或章程中进行约定。

此外，创业者还需要在相关委托协议中，对委托人转让股权的行为进行限制。与一致行动人协议一样，表决权委托协议也无法约束第三方，如果委托人将股权转让给新的股东，创业者是没办法用表决权委托协议要求新股东给予自己投票权的。

在商业实践中，投资者将自身投票权委托给创业者，是一种较为常见的委托投票权的情况。这种操作的投资者多是纯粹的财务投资者，他们相信创业者能带领公司走向成功并获得更多的股权回报。当然，在现在的资本市场中，这样的投资人可能并没有那么多。

2019 年 2 月，慈文传媒创始人马中骏及其一致行动人与华章天地传媒投资控股集团有限公司（以下简称“华章投资”）签订《股权转让协议》，将其所持有的 15.5% 股份以 13 元 / 股的价格转让给华章投资。

在转让股份的同时，马中骏及其一致行动人还与华章投资签订《表决权委托协议》，将其持有的慈文传媒股份的表决权委托给华章投资，委托期限到 2020 年 6 月 30 日。

一系列交易完成之后，华章投资的控股股东江西出版传媒集团成为慈文传媒中拥有表决权最多的股东，由此实现了对慈文传媒的控股。而江西出版传媒集团背后的江西省人民政府成为慈文传媒的实际控制人。

近年来，由于国家对文化娱乐产业监管力度加强，许多影视娱乐公司的业务不如从前。慈文传媒因市场环境变化以及影视剧目播出档期调整等，陷入了财务困境之中。

从一家民营上市公司，转变为一家国有资本主导的混合所有制公司，慈文传媒勉强熬过了资本寒冬。

值得关注的是，慈文传媒与华章投资在股权转让之外，还签订了《表决权委托协议》。对此，有相关评论认为，此次操作完成后，慈文传媒可能会面临大规模人员调整，但从控制权保护角度来讲，这一操作可以在很大程度上维护上市公司的稳定。

对此，华章投资相关负责人解释道：“之所以达成这样的约定，主要是基于彼此之间的高度认可和信赖，现在慈文传媒中的第一大股东和第二大股东持股比例都不高，只有通过这种方式，表现出同心共进的决心，才能让市场相信公司的控制权处于良好状态。"

确实，在资本市场中，上市公司控股权发生变动后，原实际控制人与新实际控制人之间的"宫斗"大戏时有发生。通过这种操作能够维持公司控制权稳定，防止发生内斗风险，对公司未来的长远发展是有好处的。

● 第六节　董事会席位与一票否决权

> 一句话干货：
>
> 　　创业者与投资人之间针对董事会席位的争夺，也决定着创业者能否牢牢将控制权握在自己手中。投资人能否获得一票否决权，意味着其是否可以掌握公司未来的发展。

董事会是公司的重要决策机构，一些公司的重大决策都是通过董事会来决定的。如果将公司比作一个人，董事会就是这个人的大脑。

对于一家初创公司，成立董事会其实不是最为迫切的事情。但当公司发展到一定规模后，成立董事会对公司的长远发展是大有裨益的。一般来说，具有一定规模的初创公司，在最初成立董事会时，设置三个或五个董事会席位是较为合适的。

在分配董事会席位时，每个股东的董事会席位应该尽量与他的股权比例相对应，而不能不管股东的股份比例是多少，如果每人安排一个董事会席位，很容易导致大股东失去对公司的控制权。

比如，一家初创公司，三个联合创始人中，一个联合创始人持股67%，另外两个联合创始人各持股16.5%，在不考虑外部投资人的情况下，如果要成立董事会，并设置三个董事会席位，会造成大股东控制权的降低。

如果这三个联合创始人持股比例相近，平均分配三个董事会席位，自然是合理的，但在上述案例中，一个联合创始人持股比例高达67%，比另外两个联合创始人持股之和还高，这时再平均分配三个董事会席位就显得不公平了。

三个董事会席位，三个联合创始人每人一个席位，持股最高的联合创始人在董事会中的表决权就会下降到33%，这时如果另外两个联合创始人联合起来，便可以轻松获得董事会的控制权。在这种情况下，持股比例最高的股东应该分配到两个席位，而另外两个联合创始人共占一个席位，这样才可以保障大股东对董事会的控制权。

一般而言，初创公司在对外融资时，会遇到投资人要求董事会席位的情况。创业者需要警惕外部董事进入的情况，但也不必因此过于紧张。引入拥有丰富管理经验的外部董事，创业者可以依靠他们的意见来补足公司在管理方面的缺陷，让董事会的决策变得更加高效，也更为理性。

投资人作为外部董事进入董事会，一般来说，投资方只有在持股比例超过10%以上时，才有资格向公司的董事会委派一名董事。当出现外部董事进入的情况时，创业者只要保障自己能够拥有多数董事会席位就可以了。如果投资人以一票否决权为条件，对公司进行投资，创业者就要多加小心了。

公司一般事项的决策，需要董事会过半数成员同意才可施行，而那些特殊事项，则需要超过2/3董事会成员同意方可通过。

在签订融资协议时，投资人可能会要求公司的一些事项必须经过其指派的董事同意才能通过。在这种情况下，投资人相当于获得了对公司相关事项的一票否决权。

根据《公司法》有关规定，有限责任公司可以通过公司章程规定，在董事会中，为特定主体保留一票否决权的设计空间。

从当前资本市场的融资环境来看，投资方要求一票否决权的情况还是较为常见的。对于那些急需资金维持业务运转的公司来说，拒绝投资方的一票否决权要求，也就意味着失去了相应的融资渠道。此时，作为弱势一方想要获得资金，创业者似乎也没有选择的余地了。

在投资方要求一票否决权，而公司又急需融资的情况下，创业者还是应该充分考虑双方在公司发展战略、业务开展方面是否存在利益冲突，同时还要充分考虑给予对方一票否决权可能对公司未来发展造成的影响。综合考虑各方面因素后，创业者再决定是否答应对方的条件，不能因为急于融资，而为公司未来发展埋下隐患。

从风口起飞，最后又归于沉寂，短短四年时间里，ofo 从无到有，又从有到无，其发展历程像是一条倒过来的微笑曲线。

对于 ofo 溃败的原因，相关分析文章有很多，也得出了不少结论，在诸多结论中，"veto right"这个词被提及的频次最多。据传，最早给出这一结论的人，正是腾讯创始人马化腾。

"veto right"意味否决权，在资本市场之中，所指的正是前面内容所提到的"一票否决权"。为什么说是"一票否决权"导致了 ofo 的溃败呢？要解释这一问题，要从 ofo 最初创立时说起。

ofo 成立于 2015 年 6 月，其创始人戴威最初的设想只是在大学校园中开展共享单车业务。伴随着"共享经济"的出现，共享单车市场开始成为资本的"香饽饽"，成立仅半年时间，ofo 就获得了两笔巨额融资。

金沙江创投的朱啸虎作为 ofo 早期投资者，也是最早获得一票否决权的投资人。而为了保证公平，戴威等创始人团队也获得了一票否决权。也正是从这时开始，戴威等创始人团队开始不得不一次次面对商业理想与商业现实的抉择。

在 2016 年，获得资本支持的 ofo，一路狂飙，全国大多数城市的高校中，都出现了 ofo 小黄车的身影。但相比校园出行市场，投资人更青睐城市出行市场，这可能也是腾讯放弃 ofo，转投摩拜单车的一个重要原因。

为了更好地获得融资，ofo 也开始转战城市出行市场，在与摩拜相互较量的同时，ofo 的投资者也开始多了起来。到 2017 年 4 月，ofo 获得了 17 个投资人（投资机构）的投资，估值已经超过 16 亿美元。

到 2017 年 12 月，ofo 的早期投资人朱啸虎将自己手中的股份出售给阿里巴巴和滴滴，而其手中的一票否决权也随之易主。但究竟是阿里巴巴获得了这一权利，还是滴滴获得了这一权利，不同人有不同的说法，当事双

董事会的职权

图解页 **19**　在董事会拥有更多的席位，意味着可以更好地使董事会行使职权，而那些具有一票否决权的董事会成员，会对董事会决策造成重要影响。

《中华人民共和国公司法》第四十六条规定

董事会对股东会负责，行使下列职权：

（一）召集股东会会议，并向股东会报告工作；

（二）执行股东会的决议；

（三）决定公司的经营计划和投资方案；

（四）制订公司的年度财务预算方案、决算方案；

（五）制订公司的利润分配方案和弥补亏损方案；

（六）制订公司增加或者减少注册资本以及发行公司债券的方案；

（七）制订公司合并、分立、解散或者变更公司形式的方案；

（八）决定公司内部管理机构的设置；

（九）决定聘任或者解聘公司经理及其报酬事项，并根据经理的提名决定聘任或者解聘公司副经理、财务负责人及其报酬事项；

（十）制定公司的基本管理制度；

（十一）公司章程规定的其他职权。

❶ 公司的一般事项决策需要董事会过半数成员同意。

❷ 公司的某些事项必须要经过某一特定主体同意才可通过。

❸ 公司特殊事项决策需要董事会超过 2/3 的成员同意。

◎ 解析：《公司法》不允许股东对股份有限公司的董事会表决机制自主进行约定，因此股份有限公司章程中的董事会一票否决权条款是无效的；但在有限责任公司中，董事会的一票否决权是否有效，在司法实践中是有争议的。

方也各执一词，俨然一出"罗生门"的故事。

在朱啸虎退出后，ofo 的董事会中，戴威等创始人团队占有五个席位，阿里巴巴和经纬投资各占一个席位，滴滴则占有两个席位。这样看来，拥有多数董事会席位的创始人团队，是完全可以控制董事会决策的，但由于几乎每个投资者都握着一票否决权，即使 ofo 创始人团队拥有再多的董事会席位也是无济于事的。

在 ofo 公司日常经营层面上，戴威等创始人团队还是拥有足够的话语权的。至少在赶走滴滴高管这件事上，没有出现一票否决的情况。

但在其他方面，尤其是在融资方面，ofo 的一票否决权是否发挥过作用，是很值得关注的问题。未能与摩拜合并，没能获得阿里巴巴的 10 亿美元融资，卖身滴滴计划的搁浅……在这些事件背后，究竟是哪一方的一票否决权发挥了作用，我们无从得知。

大多数初创公司为了更快地获得融资，不惜以董事会席位和一票否决权作为交易筹码，虽然短期内不会有太多负面影响，但对公司的长远发展来说，是不利的。董事会中握有"一票否决权"的人越多，公司的决策效率就会越低。

第五章 股权管理中约束与考核

● 第一节 为何要约束大股东的行为

> 一句话干货：
>
> 　　股权分裂、一股独大的股权结构给大股东的不规范行为提供了条件，想要真正对大股东形成有力约束，需要在股权架构设计之初下工夫。

　　在股权架构设计中，创业者需要有针对性地对公司控制权进行保护，这是毋庸置疑的。与此同时，在股权分配过程中，初创公司如果将股权分配得过于分散，进而形成一股独大的局面，这有可能不是一件好事。

　　在初创公司，一股独大的股东，虽然可以牢牢掌控公司的控制权，但容易在某些事务决策上形成"一言堂"。这不仅会影响公司的办公决策效率，而且会影响公司的长远发展。

　　另外，一股独大还可能使股东滋生某些不规范行为，或多或少会对公司发展造成负面影响。

　　当然，这一问题也并非是绝对的，并不能说一股独大就一定会导致股东出现不规范行为。因此，创业者在股权架构设计时并不是非要将股权分配得足够均衡，而是应该在保有控制权的同时，注意各股东之间的股权均衡问题。

相比初创公司，这种影响在上市公司中表现得更为显著。在上市公司中，大股东的不规范行为主要表现在对人事任命的控制、以关联交易操纵经营业绩、违规占用上市公司资金、利用股权融资谋取私立、掠夺小股东利益等方面。

在一些治理结构不规范的上市公司中，大股东控制着公司董事、监事和高管人员的选用，导致被任命的董事会人员和高管人员在日常工作中，唯大股东是从，忽视广大中小股东利益。

另外，一些上市公司虽然任命了独立董事，但由于大股东在聘用独立董事过程中起着决定性作用，最终依然会出现独立董事与大股东意见一致的结果。在这种情况下，独立董事实际上已经失去了应有的作用。

一些上市公司大股东持有绝对多数的公司股权，使得中小股东很少参与公司股东大会，在这种情况下，上市公司的股东大会成了大股东独自表演的舞台。

在公司治理结构之外，关联交易和占用上市公司资金也是较为常见的大股东不规范行为。

在关联交易中，一些大股东会将流动性较差的资产，经过上市公司转换成流动现金，结果是大股东自身的资产结构得到了改善，而上市公司的资产结构逐渐恶化。

当关联交易无法改变大股东的经营业绩时，一些大股东会通过上市公司来进行融资，而后将获得的资金挪为己用。这种不规范行为不仅会导致上市公司经营业绩持续下滑，而且会影响上市公司的财务状况。

上述所提到的大股东不规范行为，都会受到监管部门的监管，大股东不敢明目张胆地开展相关行为。

一些被大股东控制的上市公司，很少给中小股东分红，多是采取各种手段抬高股价，这种做法虽然从表面上看是有利于中小股东的，但实际上是为大股东减持套现所服务的。

当上市公司股价被抬高后，这些大股东会大规模减持手中股票，从而获得丰厚利益回报。而伴随着大股东大规模减持套现，上市公司股票会应

大股东的不规范行为

图解页 **20** | 　　一股独大的股东可以有效保护公司的控制权，同时也可能产生一些危害公司发展的不规范行为。

在缺乏必要约束的情况下，一些大股东会从自身利益出发，将上市公司的资源转化为自身可利用的资源。在巨大的利益诱惑面前，大股东很少会承担为中小股东服务的义务。

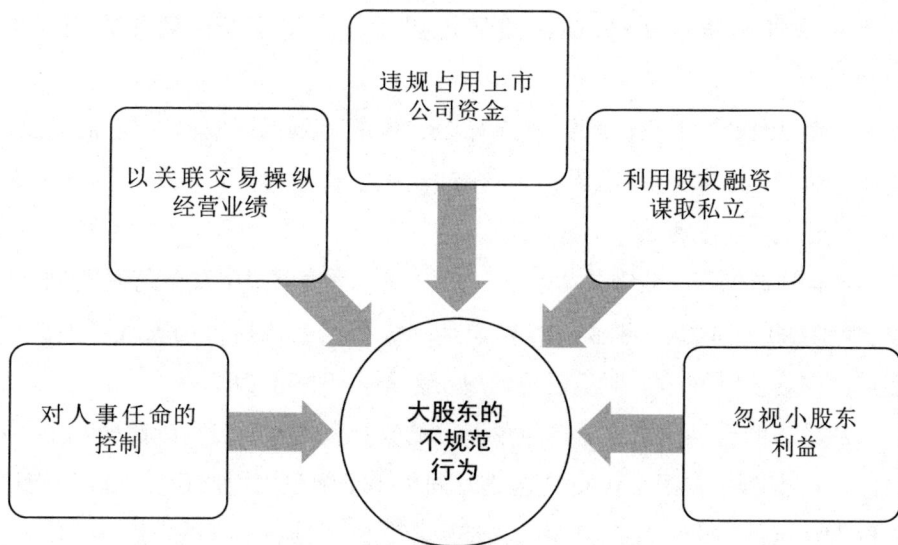

违规占用上市
公司资金

以关联交易操纵
经营业绩

利用股权融资
谋取私立

对人事任命的
控制

**大股东的
不规范
行为**

忽视小股东
利益

❶
　　占用上市公司资金：大股东通过上市公司融资，将所获资金挪为己用，这不仅会导致上市公司经营业绩下滑，而且会影响上市公司的财务状况。

❷
　　关联交易：大股东将流动性较差资产，经上市公司转换为流动现金，结果是大股东自身的资产结构得到了改善，而上市公司的资产结构逐渐恶化。

声下跌。这样一来，毫不知情的中小股东只能看着大股东套现，而自己"颗粒无收"。

因此，创业者在创业之初就应该在股权架构上，设计相应的股权制衡机制，同时也可以在公司章程中写入相应约束内容，对大股东可能出现的不规范行为进行有效约束。

减持套现作为股票市场的重要投资操作，只要不违反相关法律规定，操作起来就不会有太大问题。当然，这里所说的没问题更多是指减持套现的股东没问题，而股票被减持的公司是否有问题就要视情况而定了。

从 2000 年第一次投资阿里巴巴开始，日本软银公司只用 6 000 万美元的资金投入，换得了数以千倍的投资回报。在 2019 年，软银公司更是一次性出售了 2.8% 的阿里巴巴股份，赚得了 768 亿元人民币的利润。

截至 2018 年年底，软银共持有 28.9% 的阿里巴巴股份，是阿里巴巴的第一大股东。即使在出售完 2.8% 的阿里巴巴股份后，软银公司依然是阿里巴巴的第一大股东。

值得注意的是，软银公司是在 2019 年第一季度财报中发布抛售阿里巴巴股份消息的，而 2019 年 5 月可以说是阿里巴巴上市后市场表现最差的一个月，在这段时间里，阿里巴巴的股价差不多下降了 20%。

从具体的交易量上来看，阿里巴巴的 5 月交易量明显高于前面几个月，由此可以推断，软银公司正是这段时间出手了阿里巴巴股份。在阿里巴巴股价大跌这件事上，软银公司的减持应该起到了推波助澜的作用。

其实早在 2016 年，软银公司就减持过阿里巴巴股份，当时阿里巴巴的股价也出现过明显下滑，由此可见，大股东的减持套现对上市公司的股价影响还是相当明显的。

由于这几次软银公司减持阿里巴巴的股份数额都比较小，对阿里巴巴股价的影响相对有限。如果软银公司一次性抛出大量阿里巴巴股票，后果就可能不止股价下跌这么简单了。

当上市公司大股东减持套现后，如果市场中大部分投资者看好该公司后续的发展前景，大股东减持的股份就会由投资者接盘。如果减持的股份被投资者迅速消化，还可能会引起其他投资者关注，从而引起该公司的股价上涨。

当然，如果上市公司大股东减持套现后，没有投资者承接这部分股份，该公司股份的投资者可能产生恐慌情绪。在这种情况下，很容易出现投资者集中抛售股票的现象，由此该公司的股票价格会出现较大跌幅。

从一些减持案例来看，大股东减持上市公司股票，可能会引起该公司股票价格下跌，甚至还会引起股市大盘的整体下跌。因此，在大股东减持这一问题上，上市公司还是需要做好事前工作。

第二节　如何对董事会进行考核

一句话干货：
　　对董事会预先设定一些标准，然后再对其行为和结果进行评估，这比单纯通过公司业绩衡量更有效。

在现代法人治理结构中，董事会作为法人治理的核心，在公司经营中发挥着重要作用。作为连接公司股东和管理层的重要机构，董事会如果出现了问题，不仅影响公司的经济效益，而且对公司的未来发展及存续等方面产生影响。

一般来说，上市公司需要依据相关规定，建立董事、监事和经理人员的绩效评价标准及其程序。从具体实践来看，大多数上市公司对董事会的考核，关注重点多放在业绩层面上，这种考核而来的结果是不够全面，也不够准确。

在通常情况下，董事会推行的政策与上市公司的业绩表现之间存在一定的时间差，简单来说，就是董事会的一项决议发出并实施后，可能要经过一段时间，行为的结果才会反映到公司业绩上。而在这期间，公司业绩的变化与董事会实行的这项决议其实没有多大关系。

正是基于这一情况，上市公司如果想要准确考核董事会，应该提前设定标准，然后再根据董事会的行为和结果进行评估，这样得出的结果，才是及时、准确的。

在构建董事会绩效考核标准体系之前，首先要明确由谁对董事会进行考核。一般来说，监事会负有监督董事会工作行为的权力，在进行董事会绩效考核时，可以由监事会牵头，制定相应的考核标准和要求，然后再根据考核结果及时反馈意见。

与一般的员工绩效考核一样，董事会绩效考核也要分前、中、后三个不同阶段，一方面对与董事会职能相关的业绩进行考核，另一方面需要对董事的行为进行考核。综合各方面情况，才能构建起一个相对完善的董事会绩效考核体系。

董事会的职能主要是将公司的战略规划传达给管理层，因此，在最初的考核阶段，股东会应与董事会就公司发展规划问题进行有效沟通，保证董事会能够充分理解股东对公司未来发展战略的规划。

在此基础上，由董事会将战略规划传达给管理层，并对管理层的业绩完成情况进行定期考核，再根据具体标准对管理层进行奖励和处罚。可以说，这既是董事会对公司管理层的绩效考核，也是董事会对自己行为的绩效考核。

至于具体的考核指标设置，董事会的绩效考核要与其他职能部门绩效考核一样，进行量化指标考核。其中，关键业绩指标和关键特质指标应该作为两项重要的考核内容。

关键业绩指标对应的是组织战略目标，与之相关的各种关键因素，也会被囊括在评价系统之中。比如，董事会参与公司发展战略所花费的时间和精力，董事会对管理层经营业绩的评估等，都属于关键业绩指标的内容。

而关键特质指标主要是指人的行为，具体而言就是各董事是否胜任

董事会绩效考核要点

图解页 **21** | 董事会的绩效考核要立足于员工绩效考核基础之上，根据董事会的具体情况，增加一些必要的考核要素。

应该由谁对董事会进行考核？

由监事会牵头制定相应的考核标准和要求。

董事会的绩效考核的内容有哪些？

关键业绩指标和关键特质指标是两项最重要的考核内容。

董事会的绩效考核表应该包括哪些内容？

公司的使命、公司的战略目标、董事会与管理层的关系、董事会的办事效率等内容。

○ 解析：在对董事会进行绩效考核的过程中，注意做好反馈和激励的工作，负责考核工作的监事会可以根据具体的考核结果，对董事会成员进行必要的处罚和激励，并结合具体问题提出相应的改进计划。

具体工作的指标体系。又可以细分为关键行为指标和关键心理指标两项，这两项指标可以分别对应董事的工作行为状况以及关键的心理状况。

在开展董事会绩效考核时，绩效考核表是必不可少的工具。一个完整的绩效考核表应该既包括量化指标，也包括非量化指标。

具体到董事会的绩效考核表，涉及的问题应该包括公司的使命、公司的战略目标、董事会与管理层的关系、董事会的办事效率等内容。至于对具体问题的设计，不同的上市公司可以根据自身情况择优选择。

自 2014 年印度人萨蒂亚·纳德拉主持工作以来，微软这家老牌互联网公司焕发生机，在 2018 年，更是一举超过苹果，成为全球市值最高的上市公司。

在取得辉煌成绩的同时，微软董事会成员的更替颇为频繁。无论是网飞创始人之一里德·哈斯廷斯的退出，还是葛兰素史克 CEO 艾玛·沃姆斯利的加入都引发了业界的强烈关注。

美国公司的董事并不需要全职工作，他们只需要按时参与电话会议即可。借助于电子邮件，董事可以在每天获得公司最新信息，这也使得很多人同时担任三四个公司的董事。

为了更好地对董事会成员进行管理，微软设计了一套严格且稳定的考核制度，既包括对董事会整体的考核，也包括对董事个人的考核。

在董事会出勤率上，如果一个董事缺席董事会的次数达到 70%，根据微软考核规定，在公开场合进行披露曝光，以此来敦促董事更好地履行职责。同时，每一个独立董事都拥有相应的业绩考核指标，根据指标的完成程度，董事会成员会收到相应的反馈。

在具体形式上，微软进行年度董事会业绩考核时，会选择书面问卷和电话访谈的方式进行。通过这两种考核方式，更好地提高董事会的工作水平。

在书面问卷时，微软会设计一些具体的问题，如董事是否从微软管理层获得了自己想要的信息，哪些信息是董事更为迫切需要的，信息的呈报方式是否需要进行改革等。一份完整的书面问卷，大约有 30 个董事会管理相关的问题，通过董事给出的回答，考核人员会整理出一份相应的问题集和改进方案。

除书面问卷之外，微软还会由董事会秘书牵头，以电话形式对每个董事进行访谈。电话访谈是在书面问卷基础上进行的，微软会针对每个董事的回答，提出一些更为深入的问题。此外，借助电话访谈，微软还会就其他董事提出的问题，征求董事会的意见。

董事会的年度绩效考核一般会在12月之前完成，随后，微软会根据绩效考核结果，形成一个改进董事会工作的建议，并以备忘录的形式提出。

这一备忘录需要先经过公司管理层讨论，之后再提交董事会，进行整体讨论。由此在每年年底，微软会提出一个切实可行的行动方案，其中包括很多具体的任务，以此来改进董事会的工作水平。

● 第三节　如何对岗位价值进行评估

一句话干货：

　　正确评估岗位的相对价值，不仅是薪资设计过程中的重要环节，同时也是股权架构设计过程中的关键问题。

几个共同创业的联合创始人在出资额相同的情况下，如何来确定每个联合创始人所占股权比例呢？

以能力来划分，能力高的人多拿股权，能力低的人少拿股权，这似乎是一种有利于公司长远发展的股权划分方法。

仔细想来，能力似乎有些抽象，而且不同联合创始人可能擅长不同方面，因而在不同方面，能力高低很难匹配。比如，联合创始人甲是个理工男，擅长解决各种技术上的难题，但在人际交往方面，却是一窍不通。而联合创始人乙虽然动手能力不强，但在待人接物方面拿捏得恰到好处。

这样来看，甲、乙两人在一起创业是很合适，但如何区分两人能力的高低呢？可能有人认为，可以通过综合能力来评定，但如果甲在公司中只负责技术，而乙在公司中只负责市场，此时比较两人的综合能力，能准确评估出两人对公司的价值吗？

很显然是不能的，这时我们需要依靠对岗位价值的评估，来确定不同联合创始人在不同岗位上对公司的价值。最后，通过对岗位价值评估的结果，再对联合创始人的股权进行分配。

岗位价值评估是管理学中的重要概念，之所以要将其引入股权架构设计中，是为了解决上述提到的问题，联合创始人在创业之初可能会因为缺少评价标准，而无法合理分配股权。

当然，岗位价值评估是一种贯穿企业管理全流程的工作评估方法，在具体应用时，创业者不能仅仅局限在创业之初的股权分配上。

所谓岗位价值评估，是指通过一定方法，对岗位在组织中的职责大小、工作强度、影响范围、任职条件、工作条件和工作难度等因素进行评价，从而确定岗位在整个组织中的相对价值。

从上述定义可以看出，岗位价值评估会涉及与岗位相关的诸多因素，通过确定岗位的相对价值，来解决组织中某一岗位为何比另一岗位重要的问题，进而解决不同岗位薪资设计等问题。

既然可以借此来确定岗位的相对价值，那么在股权架构设计时，可以此来确定不同联合创始人或公司成员所处的岗位对公司的相对价值，再结合具体的工作表现，进行股权架构设计及调整。

那么，一家初创公司如何开展岗位价值评估工作呢？当前有一些较为流行的岗位价值评估模型，如海氏岗位价值评估法和翰威特岗位价值评估法等。对于大多数初创公司来说，这些成熟的评估模型是否适用，是值得考量的问题。

海氏岗位价值评估法由美国人爱德华·海提出的一种岗位价值评估法，有效解决了不同部门不同职务间相对价值的比较量化的难题，现今已

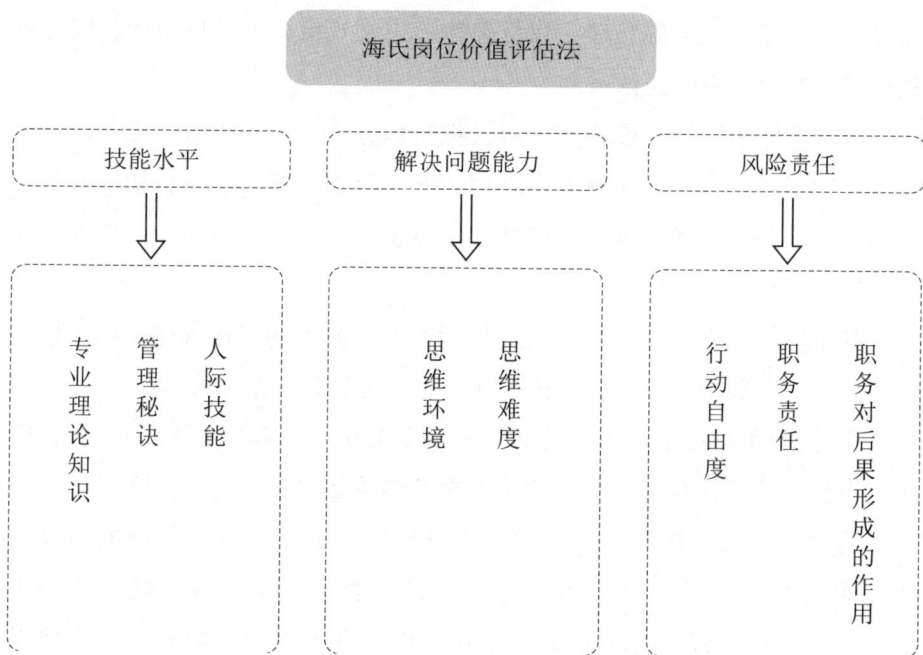

海氏岗位价值评估法

｜海氏岗位价值评估法是一种有效的岗位价值评估法，可以有效评估各岗位价值，帮助公司更好地进行股权架构设计。

海氏岗位价值评估法

技能水平	解决问题能力	风险责任
专业理论知识　管理秘诀　人际技能	思维环境　思维难度	行动自由度　职务责任　职务对后果形成的作用

岗位价值评估

A. 基本业务：熟悉基本工作流程。

B. 初步业务：能同时完成多项工作。

C. 中等业务：熟练掌握基本工艺方法。

D. 高等业务：能够掌握较为复杂的工艺方法。

E. 基本专门技术：对不同技术有一定理解。

F. 熟悉专门技术：具有某一技术领域的专业知识。

G. 精通专门技术：精通某一技术领域的专业知识。

H. 权威专门技术：综合技术领域的专家水准。

在全球各国公司中得到了广泛应用。

在岗位价值评估法中，爱德华·海提出了在任何岗位上，都具有普遍适用性的因素，即技能水平、解决问题能力和风险责任。

同时，他又从这三大类因素中分出了八个子因素，主要包括专业理论知识、管理秘诀、人际技能、思维环境、思维难度、行动自由度、职务责任和职务对后果形成的作用。

而对这些子因素，爱德华·海又把它们分出了不同等级。比如，在专业理论知识子因素中，共有八个不同等级，分别是基本业务、初等业务、中等业务、高等业务、基本专门技术、熟悉专门技术、精通专门技术和权威专门技术。

其中，"基本"的一级主要是指能够熟悉简单的工作程序，而"权威专门技术"一级则是指在综合技术领域能够达到公认专家的水准。

在各类因素划分之外，爱德华·海还提出了三种不同的职务形态构成，分别是"上山型"岗位、"平路型"岗位和"下山型"岗位。

其中，"上山型"岗位的职务责任比技能水平和解决问题能力更重要，而"下山型"岗位的职务责任没有技能水平和解决问题的能力重要，前者的典型岗位是公司的总经理，而后者的典型岗位则是技术研发经理。

在具体评估过程中，需要先对这八个因素逐一打分，然后再按照三大因素来汇总计分，最后通过与权重相乘，得出岗位评估的总得分。这样，根据岗位评估的总得分就能得出公司岗位价值的排序。

作为一种非常有效的岗位价值评估方法，在具体应用时还需要注意一些具体的细节。

在初创公司中，由于岗位部门相对有限，在应用这一方法时可以对所有岗位进行全方位评估。但在一些规模较大的公司中，对所有部门的岗位进行评估，不仅工作量大，而且还可能使评估结果出现较大偏差。

因此，在规模较大的公司中，应该选取具有代表性的岗位进行评估。对代表性的岗位评估完成后，再将其他岗位划分到相应的岗位层级中，不需要再进行岗位价值评估。

其实，在公司初创期，创业者可以自行设计符合工作的岗位价值评估模型，虽然最终模型可能在专业性上有所不足，但只要抓住一些核心要素，最终的岗位价值评估结果也是相对准确的。

一般来说，成熟的岗位价值评估模型需要具备两方面核心内容，一是评估要素的确定，二是各要素的权重标准。

在确定评估要素时，创业者需要想清楚，为这一岗位的哪些方面支付薪资？具体来说，如果创业者觉得这一岗位对工作经验要求很高，愿意在这一方面多付出一些薪资，"岗位经验"就可以纳入到评估模型之中。相反，如果创业者认为这一岗位不需要有工作经验，应届毕业生也可以，"岗位经验"就不要被纳入评估模型中。

根据这一方法，创业者可以依次确定其他评估要素，在这一过程中，与管理层共同讨论所得出的结果，可能要比创业者自己决策更为全面。

在确定完评估要素后，创业者和管理层还需要针对各要素的权重标准进行讨论。在确定权重标准的同时，创业者还需要设定具体分值，通过与权重相乘，可以得出某个评估要素的分值，进而确定岗位的整体价值。

构建好具体模型后，创业者据此评估组织内部不同岗位的相对价值。但需要注意的是，岗位价值评估是针对岗位的价值进行评估，而不是针对岗位上的人进行评估，也就是说，岗位价值评估的分值较低，并不意味着岗位上的人对公司的价值较低，在这一点上，创业者应该有所区分，不能对号入座。

回到前面提到的案例上，如果通过岗位价值评估，得出该公司技术总监的相对价值高于市场总监，那在甲、乙二人出资额相同，能力又互为补充的情况下，为甲分配较多股权是一种对公司长远发展更为有利的做法。

当然，如果在具体实践中，甲无法胜任岗位的工作，那创业者考虑是否需要及时调整股权架构，以防"能不配位"而影响公司的长远发展。

● 第四节　如何构建一个期权池

一句话干货：

　　在股权架构设计中，期权池的设计作为股权激励的一项重要举措，对公司的发展具有重要意义。可以说，建好了期权池，股权激励也就成功了一半。

　　初创公司在分配股权时，分得太干净可能并不是一件好事。有时候，留有余地的股权分配，才可能设计出完美的股权架构。

　　前面提到，股票期权激励是一种常用的股权激励方法。获得股票期权激励的员工可以有选择地按照一定价格来购买公司股权，当然，也可以选择放弃这一权利。

　　现在，如果公司在股权分配时，100% 的股权全部被分配到了每个股东手中，激励员工若是选择购买公司股权，这部分股权该由哪个股东出呢？

　　这确实是个不好解决的问题，如果只有一个员工有权购买股票，可能还好解决，如果这项激励措施被授予更多员工，解决起来就比较困难了。

　　正是基于这一问题，期权池才应运而生。在一些具体实践中，初创公司在进行股权分配时，联合创始人和投资人在分配股权后，会预留出一部分股权，这部分股权放在一起便构成了一个期权池，用于未来的股票期权激励。

　　那么，如何构建一个期权池呢？

　　《公司法》规定，公司的全部股权需要由各个股东分别认缴。因此，每个股东持有一部分股权，而无人持有剩下的股权的做法是不合规的。在具体实践中，初创公司要构建一个期权池，可以采用的方法主要有以下几种。

第一种方法是由公司创始人代持这部分股权，此时公司的创始人在名义上是未分配股权的股东。当获得期权的员工要购买股权时，公司创始人需要以约定的价格向员工转让相应比例的股票。

第二种方法是设立一家有限合伙企业，初创公司未分配的股权由这家有限合伙企业持有。一般情况下，初创公司的创始人会是这家有限合伙企业的普通合伙人，而获得期权的员工则会成为这家有限合伙企业的有限合伙人，这样创始人就可以获得合伙企业的控制权，从而防止初创公司控制权旁落。

第三种方法是设立员工持股平台，比如，华为公司就是通过工会对公司持股，员工与工会签订协议的方式，让员工可以享受公司的股权收益。此时，员工手中的股权只有分红权而没有表决权，有效避免了股权分散情况的出现。

当前，大多数公司在构建期权池时，主要选择上述的一种方式。创业者可以根据公司实际情况，选择合适的方式。

了解了构建期权池的方式后，创业者还需要明白构建一个多大的期权池的问题。一般来说，在互联网公司中，期权池的大小多在10%到20%，当然，由于具体情况有所不同，期权池的大小也会超出这个范围。

在这一点上，创业者首先搞清楚公司在未来需要重要员工的数量，如果核心岗位上的重要员工已经齐全，就有没必要构建太大的期权池，否则可能会影响公司股东的利益。当然，如果在创业初期，公司许多重要岗位还缺少优秀人才，创业者不妨将期权池建得大一些。

需要注意的是，公司每一次融资，都会稀释期权池中的股权比例，因此，在每一轮融资后，创业者应该及时调整期权池的规模。

如果上一轮融资时设立的期权池，并没有因为此次融资分配完，可以不对其进行调整，而让其成为下一轮融资前的期权池。如果此次融资分配完了期权池，那公司各股东需要稀释自己的股份，重新构建合适的期权池。

期权池的构建方法

图解页 **23** | 构建期权池主要有三种方法，每种方法各有优缺点，公司可以根据股权架构设计的实际需要加以选择。

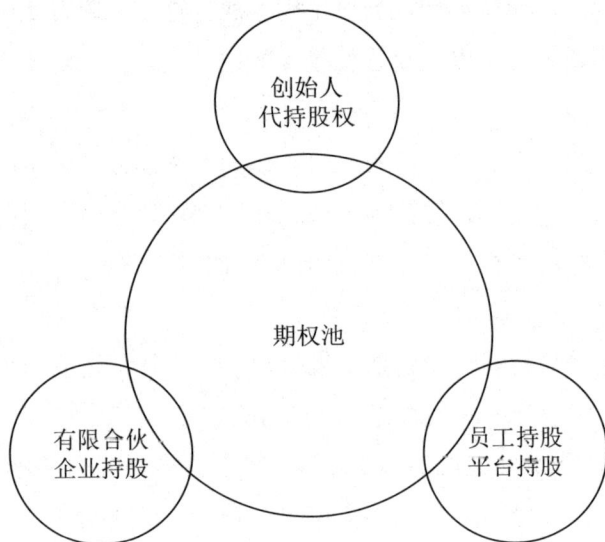

❶ 创始人代持股权，一方面是为了防止公司股权过于分散，确保公司决策效率；另一方面则是防止股东人数超过法律规定的限额。

❷ 有限合伙企业不从事任何经营活动，其存在的目的就是用于员工持股。在有限合伙企业中，普通合伙人对企业承担无限连带责任，有限合伙人则只需要承担有限责任。

❸ 搭建员工持股平台，可以通过设立有限合伙企业或有限公司来实现。在具体的持股形式上，员工以自然人身份持股、员工通过公司间接持股和员工通过合伙企业持股三种员工持股形式。

◎ 解析：每一次融资，都可能会稀释期权池中的股权比例，在每一轮融资后，公司都应该及时调整期权池的规模。

一般来说，在股票期权激励中，管理层和骨干员工是最主要的激励对象。当然，在具体实践中，有的公司会实行全员激励，这需要创业者根据自身情况做出选择。

在确定激励对象后，授予员工股票期权时，公司需要与员工签订书面合同，其中要详细写清与期权授予和行权相关事宜，比如，分配的数额、行权的价格、授予的期限和失效期限等，以免出现矛盾纠纷。

在具体实践中，创业者在构建期权池时，需要多与联合创始人、投资人、员工进行沟通，在各方股东达成一致意见后，才能着手进行实际操作。与各方协商的结果，一定要落实到书面上，切忌仅依靠口头承诺。

现金奖励是公司对员工过去表现的认可，而受限制股份单位计划是公司对员工未来的预期，只有公司认为员工在未来会给公司带来更大的贡献，才会授予你。

在阿里巴巴未上市之前，受限制股份单位计划是留住人才的重要手段。这种股权激励手段，从本质上来讲，是一种股票期权。

阿里巴巴的受限制股份单位每年会随奖金一同发放，每个员工每年都会获得至少一份受限制股份单位。但每一份受限制股份单位中包含多少受限制股份，阿里巴巴会根据员工的级别和贡献进行分配。

根据受限制股份单位计划的规定，阿里巴巴员工在入职满一年后，手中的受限制股份单位才可行权。同时，每一份受限制股份单位的发放都是分四年完成的，阿里巴巴员工每年只能获得其中的25%。因为每年阿里巴巴都会为员工发放新的受限制股份单位，所以员工持有的受限制股份单位的总量是逐年增加的。

可以看出，随着员工在阿里巴巴任职时间的增加，员工手中的受限制股份单位也会增多。而每年授予员工新的不能行权的受限制股份单位，也成为阿里巴巴留住员工的一种重要手段。

从本质上来讲，阿里巴巴授予员工的受限制股份单位主要是针对阿里巴巴股票的认购权。由于行权价格较低，员工在行权时获得的一次性收益是颇为丰厚的。

在未上市之前，阿里巴巴的受限制股份单位并没有可参考的市场价，员工只有在行权时，才会知道公允价格。持有受限制股份单位的员工不会因此获得分红收益，而只能在行权时获得一次性收益。比如，一个阿里巴巴员工在加入公司一年后获得了 2 万股认购权，每股的认购价格为 2 美元，到了行权时，公允价格为 12 美元 / 股，算下来这个员工应该可以获得 20 万美元的收益。但需要注意的是，员工在行权时需要缴纳相应税费的，所以缴纳完税费后剩下的，才是员工实际获得的收益。

这样下来，员工的实际收益看上去缩水了不少，但伴随着阿里巴巴上市后股价飙升，为员工带来的收益依然是不可估量的。

● 第五节　股权管理中的动态股权问题

> 一句话干货：
>
> 　　相比于"静态"股权分配，"动态"股权分配不仅能够调动创业团队的积极性，还能在一定程度上防止联合创始人因股权分配不均而分道扬镳。

在前面的章节中，介绍的大部分内容为静态股权分配，这是因为对于创业者来说，静态股权分配更为简单，也更加直接，以此构建的股权架构更为高效。另外，由于初次创业者对于股权架构设计缺乏足够的认知，使用静态股权分配也能减少一些股权管理风险。

从实际效果来看，与动态股权结构相比，静态股权结构有先天不足。股权比例固化、利益分配格局固定不变的情况下，很容易引起初创团队成员的内心失衡。很多"联合即解散"现象的背后，暴露出的正是静态股权结构的缺陷。

对于大多数采用静态股权结构的初创公司来说，联合创始人在最初分配股权时，通过沟通协商，达成了一种共识，由此确定了各自的股权比例。

但伴随着公司的不断发展，可能会改变不同联合创始人在初创公司中的作用。当持股较多的联合创始人作用被不断弱化，持股较少的联合创始人作用不断增强时，联合创始人之间围绕股权分配的矛盾会逐渐显现，并且愈演愈烈。如果解决不好这一问题，初创公司很可能会出现"创业未半，而中道崩殂"的情况。

最能体现这一问题的案例正是在前面提到的"罗辑思维""解散"案例，如果罗振宇与申音之间的股权结构不是固定不变的，还会出现"解散"的情况吗？当然，不考虑其他个人因素的情况下，通过股权调整能解决双方股权与贡献不匹配的问题。但为什么双方没有进行相关尝试呢？很可能是因为双方在最初没有考虑动态股权分配的问题。

那么，究竟什么是动态股权分配呢？我们来举一个简单的例子。

甲、乙、丙三人联合开办了一家公司，他们起初没有对公司的股权进行分配，而是达成了一种共识，将股权分配这一环节向后推移。三人约定在公司完成第一笔订单时，先分配 10% 的股权，然后再对剩余股权分配进行约定。

一个月后，三人的公司顺利完成了第一笔订单，10% 的股权也顺利分配完成。其中，甲获得了 5% 的股权，乙获得了 3% 的股权，而丙只获得了 2% 的股权。为什么甲、乙、丙三人分配到的股权份额不一样呢？因为这笔订单是依靠甲的人脉关系获得的，而在接下来的具体工作中，甲、乙二人又投入了更多精力，只付出较少精力的丙获得了最少股权。

在此之后，甲、乙、丙三人对第二次股权分配进行了约定。在完成了第二次里程碑事件后，三人又分配了一部分股份。

上述案例中的股权分配是一种动态的股权分配，三个联合创始人并没有在一开始按照固定比例分配股权，而是约定完成一个里程碑事件后，就根据联合创始人的不同贡献来分配股权。当一个里程碑事件完成后，三人又约定了另一个里程碑事件，随着完成几次里程碑事件后，三人也就完成了股权的分配工作。

动态股权分配流程

图解页 **24** | 动态股权分配要按照一定流程进行,其中,确定"贡献点"和"贡献值"是一项至关重要的工作。

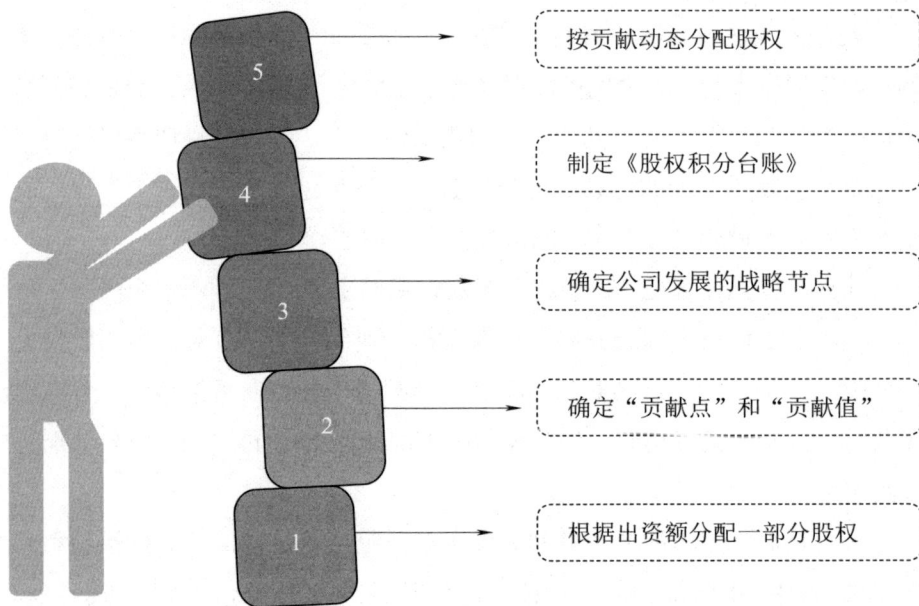

5 → 按贡献动态分配股权

4 → 制定《股权积分台账》

3 → 确定公司发展的战略节点

2 → 确定"贡献点"和"贡献值"

1 → 根据出资额分配一部分股权

贡献点因素

对公司产生关键影响的事件:达成了里程碑式目标,或者完成了技术科研攻关,或者是促成了公司融资等。

为公司提供重大支持:为公司发展投入资金,或者为公司发展提供物资或设备等。

○ 解析:初创公司面临的发展环境是复杂多变的,使用动态股权分配方案,确保股权分配的公平,可以让公司更好地应对可能出现的风险与问题。

其实，动态股权分配机制类似于股权激励，需要联合创始人达成共识，然后在一定时期内，持续记录和评估每个联合创始人对公司发展的贡献，最后再以贡献值的大小来分配联合创始人的动态股权比例。

在实际操作中，动态股权分配的情况有很多种。一般来说，在静态股权结构的基础上，加入动态股权调整的约定，是一种更适合初创公司的股权架构设计模型。

最初，联合创始人可以根据出资额的多少来分配一部分股权，剩下的股权则采取动态的方式分配。联合创始人可以按照为公司带来的贡献，来分配剩下的股权。在具体贡献要素的选择上，公司需要考量不同因素，最终以联合创始人都满意的结果为准。

在应用动态股权制度时，一定要合理认定联合创始人的贡献价值，综合考虑联合创始人在公司不同发展阶段的历史贡献。如果公司内部无法完成贡献考核，可以引入第三方公司进行评估。

对于创业者来说，动态股权分配的最大意义在于为股权调整留出余地。在调整固定的股权架构时，往往会牵一发而动全身，影响公司的整体发展。

动态股权管理以联合创始人在公司中创造的价值作为股权分配的依据，是一种以结果为导向的股权分配管理方法。

从整体上来讲，动态股权管理需要分为几个不同的步骤。这一点，在上面已经简单讲过。现在，主要来介绍一下动态股权管理中的"贡献点"和"贡献值"问题。

在完成最初的固定股权分割之后，创业者需要罗列出各种贡献点，然后再将其转化为不同贡献值，最终成为动态股权分配的一种重要指标和依据。

一般来说，哪些因素可以成为贡献点，是根据不同公司的发展模式来确定的。在公司发展过程中，联合创始人会做出很多对公司发展有利的行为，但这些行为并不能都算成贡献点。在确定贡献点指标时，应该尽量选择那些为公司提供重大支持，对公司发展产生关键影响的行为和事件。

从这一角度来讲，在确定动态股权管理的贡献点时，创业者可以从对公司产生关键影响的事件以及为公司提供重大支持两方面入手。

一般而言，对公司产生关键影响的事件一定是对公司产生巨大贡献的，比如，达成了里程碑式目标，或者完成了技术科研攻关，或者是促成了公司融资等。

而为公司提供重大支持这一点，更多考虑联合创始人对公司的一些直接贡献，比如，为公司发展投入资金，或者为公司发展提供物资或设备等。

在总结各个贡献点后，创业者需要列出清单，与联合创始人一同讨论。只有大家达成共识后，创业者才能进行下一步工作。

在确定好贡献点后，创业者可以开始确定贡献点的贡献值了。在这一环节中，创业者需要完成确定贡献点的计分标准、计分时间等具体操作。

计分标准主要是指用何种标准来确定贡献点的贡献值，比如，在确定"投入资金"的贡献值时，可以用一个固定的资金金额来作为计分标准。而对于"投入设备"的贡献值时，可以将其折算为设备的市场价格后，以固定金额作为计分标准。

需要注意的是，创业者选取的计分标准要对所有贡献点适用，并且能对所有贡献点统一度量。如果不能对所有贡献点进行统一度量，那这种计分标准就是不合适的。

除了计分标准外，创业者还需要对计分时间进行考量，要确定好联合创始人的贡献到什么时候。比如，在达成某一销售目标时，可以将所有销售款项回收的时间点作为计分时间。而为公司投入资源时，可以将资源到位的时间作为计分时间。

在完成上述工作后，动态股权管理中的"贡献点"和"贡献值"问题就基本解决了。接下来，创业者要做的，就是确定公司发展的战略节点以及制定《股权积分台账》了。

完成以上所有工作后，创业者可以在公司达成战略节点后，计算上一阶段联合创始人的贡献，然后按照相应比例分配动态股权了。

● 第六节　如何收回错分股权

> 一句话干货：
>
> 　　随着公司逐渐发展壮大，如果不能及时收回错分的股份，创业者损失的就不只是股权份额了。

对于大多数创业者来说，错分股权这件事似乎并不常见。一般来讲，公司错分股权应该是小概率事件。如果将其理解为股权分配不合理，这种情况可能就比较常见了。

甲、乙、丙三人开公司，甲出资最多，占股也最多，乙和丙二人持股相当。在公司发展过程中，甲凭借优秀的个人能力将公司管理得井井有条，而乙凭借自己广泛的人脉为公司开拓了多条产品销售渠道，但丙做起了甩手掌柜，不仅不参与公司管理，而且还在外面开了一个新公司。

对于丙的行为，起初甲、乙二人还能忍受，但随着公司规模越来越大，需要管理的事务越来越多，甲、乙二人对丙的行为越来越难以忍受。最终，甲、乙二人约定将丙手中的股权收回，但因为在股权分配之初没有相应约定，在回收股权时，甲、乙二人费劲了百般波折，公司的融资也因此而受到了影响。

这是一种典型的错分股权案例。这里的"错分"并不是说给谁分多了，给谁分少了的问题，而是原本看上去颇为合理的股权分配，经过一段时间后突然变得不合理了。

那么，在遇到这种情况时，创业者如何才能收回错分的股权呢？

遇到这件事时，讲道理是没有效果的，在涉及切身利益时，人们往往会收起自己的感性情绪，而更多从理性角度去考虑问题。

在上述案例中，丙手中的股权比例虽然没有甲多，但对于他而言，却是实实在在的利益。而且伴随着公司业绩继续高涨，他手中的这部分股权还会增值。而对于甲、乙二人来说，丙手中股权的价值越高，收回这份股权的难度也会越大。

虽说讲道理可能没办法取得良好效果，但在解决这个问题前，甲、乙二人还是需要先与丙进行充分沟通，将事实和道理讲清楚。如果甲、乙二人成功说服了丙，便可以通过股东会议来重新商定股权分配结构。如果甲、乙二人没办法说服丙，这种较为"礼貌"的方法就宣告失效了。

在"礼貌"的方式告吹之后，甲、乙二人如果想要收回丙手中的股权，所付出的代价可能要更大一些。如果丙不同意重新确定股权分配结构，而要求甲、乙二人收购自己手中的股权，那甲、乙二人只能以一定的溢价来收购这份"错分"的股权了。

一般来说，在股权转让和股权回购中，常常会涉及股权退出的价格问题。对于非上市公司来说，股权的退出价格可以以净资产价格作为定价基础，也可以让第三方机构对公司价值进行评估。

在这种情况下，因为要考虑联合创始人对公司发展曾经做出的贡献，在收回股权时，往往会按照一定的溢价来收购。正所谓"买卖不成，仁义在"，虽然在生意上散伙了，但在生活中还是可以继续来往的。

当然，还有一种更为极端的情况，就是联合创始人拒绝公司回收自己的股权。如果一家初创公司由两个人联合创立，而二人的股权比例又恰好是五五开，这种情况基本上宣告公司的完结，即这家初创公司将会在两个联合创始人的股权争夺战中一步步走向毁灭。

而当多个联合创始人共同创业而股权结构又较为合理时，如果不作为的股东拒绝公司回收自己的股权，那么，其他股东可以通过股东会议，增发股权，对不作为股东手中的股权进行稀释。

股权稀释意味着股权收益随之减少，如果不作为股东仅为了股权收益而不放手中的股权，这种方法将会强迫他交出自己的股权，来换取尽可能多的利益。当然，这种做法的结果可能就是"买卖成了，仁

收回错分股权的方法

图解页 **25** | 缺少股权成熟机制和退出机制的公司，在股权错分又无法正常收回时，多使用股权稀释和溢价收购的方法来收回股权。

股权稀释：让普通股股份增加，使每股股份收益减少，以此来降低不作为股东手中股权的收益，但同时也会降低其他股东手中股权的收益。

溢价收购：以高于市场的价格收购不作为股东手中的股权，以达到重新分配股权的目的。

股权稀释	溢价收购
股权 成熟机制	股权 退出机制

股权成熟机制：对股东的行为进行有效约束，将股东利益与公司发展紧密联结在一起。

股权退出机制：处理股东退出而引发的股权问题，减少股东退出对公司长远发展的影响。

◎ 解析：当出现股东"能不配位"的情况时，创业者要及时调整联合创始人的持股比例。如何不伤害联合创始人间的感情，是创业者需要考虑的问题之一。如果非要在公司利益与个人感情间抉择，创业者还是要以公司利益为重，确保公司平稳向前发展。

义不在了"。

其实，在收回错分股权这件事上，最为有效的方法应该是在股权架构设计之初，约定好股东股权的成熟机制和退出机制。让公司的股权结构变得动起来，才能为后续股权调整提供便利。

通过股权成熟机制，可以对股东的行为进行有效约束，同时也能将股东利益与公司发展紧密联结在一起。而通过股权退出机制，则可以更好地处理因股东的退出而引发的股权问题，减少此种情况对公司长远发展的影响。

相比于工资和奖金，股权比例的变化对股东的触动更深，因为这不仅涉及经济方面的利益，更涉及公司的决策权与控制权。

一成不变的股权架构无法适应公司发展的各个阶段，创业者如果想要让公司走得更远，必须在创业之初设计好动态股权结构。其中，股权调整就成了一个至关重要的环节。

当出现股东"能不配位"的情况时，及时调整联合创始人的持股比例，对公司的长远发展是最为有利的。而在这一过程中，如何在不伤害联合创始人感情的情况下完成股权调整，是创业者必须弄清楚的问题。

甲、乙、丙、丁四人联合成立了一家公司，由于四个人都有正式工作，所以在这家公司中大家都以兼职身份来工作。根据最初出资额的多少，四人完成了股权架构设计，其中甲持股40%，乙持股30%，丙持股20%，丁持股10%。

在几个联合创始人的共同努力下，公司实现了一定的盈利，公司的前景也颇为美好。这时，甲打算全职经营这家公司，而乙、丙、丁三人没法做到全职工作。对全职工作的甲来说，自己全身心投入公司运营，失去了原来的工作，应该获得一定的补偿。

在如何调整股权这件事上，甲陷入了矛盾之中，他既希望能获得更多的股权份额，同时也不想因此伤害与几个联合创始人之间的感情。

在一家初创公司中，完成股权架构设计后，如果一个联合创始人全职工作，而另外几个联合创始人像投资人一样不参与公司的日常经营活动，还拿着股权，享受分红。在这种情况下，几个联合创始人很快就会走向"解散"。

投资人不参与公司经营，却可以享受股权带来的分红收益，这种情况的一个必要前提是其为获取股权而支付了较高的溢价。而联合创始人则不同，兼职的联合创始人与全职联合创始人以同样标准获得股权，产生了一种不公平。如果这种情况持续下去，联合创始人之间必然会产生矛盾。

当然，在上述案例中，四个联合创始人在进行股权分配时，都是兼职身份，所以可以认为股权分配是合理的。不合理之处在于，甲在全职参与公司经营后，四个兼职联合创始人的股权比例依然维持不变。

股权比例如果维持不变，久而久之必然会伤了全职联合创始人甲的感情；而股权比例如果随意调整，可能会伤了四个兼职联合创始人的感情。因此，若要不伤大家感情，需要在股权架构设计之初，提前设计好动态股权调整方案。

如果在股权架构设计之初，四个兼职联合创始人能留出一部分股权，并约定好动态股权分配方案。这样当甲以全职身份参与到公司经营活动中时，他就可以在一定条件下，获得一定比例的未分配股权。当然，四个兼职联合创始人如果做出相应贡献，也可以获得一定比例的未分配股权。这样既可以做到公平，又不伤彼此之间的感情。

如果四个兼职联合创始人没在股权架构设计之初留出股权，在甲全职工作时，应如何调整股权呢？

在股权架构设计时，全职联合创始人的股权比例要相应增加，而四个兼职联合创始人的股权比例应该相应减少。遵循这一原则，我们需要找到一种稀释四个兼职联合创始人股权比例的方法，但同时要确保全职联合创始人股权比例的升高以及四个兼职联合创始人利润收益的不变。

具体来说，甲可以与四个兼职联合创始人商量，在自己全职工作后，公司利润因其全职工作而上升的部分，可以作为自己增加公司股本的资金。

当四个兼职联合创始人的总持股比例降到一定比例之后，联合创始人甲也不再要求其他股权利益。

从根本上来讲，这其实只是换了一种方法，实现了几个联合创始人之间的股权转让。相比于直接进行股权转让，这种方式比直接降低其他联合创始人股权比例的方法更柔和，也更容易让兼职联合创始人接受。

第六章 未雨绸缪，做好股权异动管理

第一节 股权锁定不能只停留在口头上

一句话干货：

  通过股权锁定，可以保障创始团队的稳定性，尤其管控及时套现行为，可维护公司的长远稳定发展。

一般来说，在公司上市前或被收购前，创业者手中的股权是被锁定的。不得向任何人以转让、赠与、质押、信托或其他任何方式，对持有的公司股权进行处置。

对于一家持续稳定发展，马上要上市的公司来说，稳定是最好的状态。这里所说的稳定，既是指公司业绩的稳定，也是指创业团队的稳定。为了保持这种稳定的状态，对创业者和联合创始人手中的股权进行限制是一种较为常见，也颇为有效的方法。

《公司法》没有明确禁止创始人股东对外转让股权，这是出于对股东退出权利的保障。但在具体的商业实践中，约定股权锁定条款是十分常见的。

一般来说，在公司融资过程中，公司的股权价格会随着融资完成而迅速增加。此时，如果没有股权锁定约定，创业者可以在股权成熟兑现后，卖出自己手中的部分或全部股权，以获得巨额收益。

如果发生这种情况，公司的股票价格会随着大股东套现而应声下落，这对于投资人来说是无法接受的结果。因此，在大多数融资协议中，都会涉及股权锁定的条款。至于条款内容应如何约定，主要看创始人团队与投资人协商的结果。

2021年3月29日，国家高新技术企业深水海纳水务集团股份有限公司发布在创业板的上市公告书。在公告书第八节的"重要承诺事项"中，可以找到股权锁定相关内容。

其中，发行人控股股东、实际控制人、董事长李海波，发行人股东西藏博创，以及发行人股东深水都承诺"自公司本次发行上市之日起36个月内，不转让或者委托他人管理已直接或间接持有的公司股份，也不会由公司回购持有的公司股份。"

而发行人股东、董事李琴，发行人股东西藏大禹则承诺"自公司本次发行上市之日起12个月内，不转让或者委托他人管理持有的公司股份，也不会由公司回购持有的公司股份。"

可以看出，不仅公司融资时需要进行股权锁定的约定，在公司上市时，也需要进行股权锁定约定。虽然情景有所不同，但其目的都是为了约束公司股东的行为，防止其短时间内大量套现获利。

当然，股权锁定条款的生成并不意味着创业者在公司融资后完全无法套现获利。一些投资人在与创始人团队约定股权锁定条款时，会允许创业者进行小额套现，以作鼓励。

除了与投资人的股权锁定约定，公司的创业者团队之间，也应该约定好相应的股权锁定协议。这可以在一定程度上降低股东套现带来的风险，保障公司持续稳定的发展。

在具体的商业实践中，为了让股权锁定的条款更具效力，股权锁定的相关规定多会被写在公司章程中。而在实际操作中，如何规定股权锁定的内容，则是因人而异的。

比如，一些公司会将股权转让锁定与公司控制权挂钩，当公司首次发行股票前或被收购前，没经过股东会2/3以上表决通过的，联合创始人不能以转让、赠与、质押、信托或其他任何方式，对自己所持有的公司股权进行处置，同时也不能在其上设置第三人权利；经过股东会 2/3 以上表决通过的，股东可以转让相应股权，但其他股东具有优先购买权。如果其他股东选择放弃优先购买权，股东便可以将手中股权转让给第三方，而在这一过程中，其他股东也可以按照自己选定的比例将自己手中的股权一并转让给第三方。

为什么要为其他股东增加随售权呢？这是因为在公司发展前景并不乐观时，股东选择把股权转让给第三方，很可能会对其他股东的股权收益造成影响。这时，附加一条让其他股东可以随股东一同将股权转让给第三方的条款，主要是为了保障其他股东的股权收益。

上面提到的只是一种较为常见的股权锁定协议，创业者可以根据需要制定适合自己公司的协议。当然，在确定好具体约定后，最好将其写入公司章程中，这样才能更好地发挥效力。

当股东会有 2/3 以上表决同意股东将手中的股权转让给第三方时，其他股东可以按照自己选定的比例，将手中的股权一并转让给第三方。这是在融资过程中，股东拥有的一项重要权利，通常称之为"随售权"。

从风险投资者与原始股东相互信任这一层面来看，随售权的出现具有一定的合理性。在一些具体的商业实践中，创业公司原始股东因为某些原因将自己手中的股权转让给第三方，在这种情况下，第三方股东与风险投资是互相不熟悉的，这对于风险投资者来说具有较大的投资隐患。

由于风险投资者在公司占的股权不多，对公司事务又缺乏有效掌控，如果与第三方股东之间缺乏信任，这种投资是有风险的。而随售权能帮助风险投资者规避这种风险。

当公司原始股东将手中股权转让给第三方时，风险投资者可以按照规定，一并转让自己手中的股权。

与随售权相比，拖售权对于风险投资者，尤其是少数股东来说，意义更大。所谓拖售权就是指第三方向部分股东发出要约，要收购股东的股权，如果这些股东接受要约，有权要求其他股东一起按照同等条件和价格将股权转让给第三方。

拖售权的合理之处在于，作为少数股东的风险投资者如果想要退出公

股东约束条款

股东约束条款在约束持股人行为的时候，需要股东共同承担一定的风险。其中，特别需要关注随售权和拖售权两项内容。

随售权：若公司现有股东欲转让其股份给第三方时（在经其他持股人同意的前提下），其他持股人有权自主决定是否按照转让股东的出手价格共同出售自己所持股份或以相同价格优先认购其所售股份。

托售权：当满足约定的某种条件时，享有托售权的股东在将自己所持有的股份转让给第三方的时候，有权强制要求其他股东与自己以相同的价格和同等条件一同向第三方转让股份。

○ 解析：股权从被分配开始，就带有持股人之间的博弈味道，与其靠对他人的内心评估，不如靠制度和契约来锁定彼此之间的关系。

司，在第三方并购过程中，就要得到公司创始股东的认可。如果创始股东不认可并购，那第三方很可能会选择放弃并购，而不会单独收购风险投资者手中的较少股权。

很显然，在这种情况下，风险投资者是没办法退出的。此时，如果风险投资者手中握有拖售权的话，可以在自己想退出的时候，要求公司创始股东认可第三方并购，并按照约定的时间、条件和价格来完成并购交易。

拥有拖售权的股东，即使作为少数股东，也可以享有决定公司转让的权利。当然，对于创业者团队来说，在接受风险投资者的拖售权协议时，一定要多加考量，以免自己的切身利益受到不必要的侵害。

在特殊情况下，初创公司在最初发展阶段，资金多是由风险投资者提供，导致在与风险投资者的谈判时处于下风。如果风险投资者以拖售权作为筹码，急需资金的创业者很可能接受风险投资者的要求。

接受了拖售权协议的创业者，好比在头顶上悬了一把达摩克利斯之剑一样，如果风险投资者滥用拖售权，创业者很可能在公司并购时一无所得。

对此，即使接受了风险投资者的拖售权要求，创业者也需要在协议中对这一权利进行有效限制，只有从触发条件、转让对象、最低价格和转让时机等多个角度对拖售权做出限制，才能保障自己的权益。

● 第二节　股东的进入和裁减机制

一句话干货：

设计股东的进入和裁减机制前，要搞清楚什么人能进、什么人该走和什么人不要的问题。

初创公司在发展过程中，可能会遇到各种各样的变化，有的可以轻松解决，有的却难以逾越。为了应对各种未知变化，创业者需要在创业之初设计各种机制。

股东的进入和裁减机制就是一种应对股东变动问题的机制，具体而言，又可以拆分成进入机制和裁减机制两部分。

股东的进入机制主要是针对初创公司在发展过程中，新股东加入的情况，而不是指创业者在创业之初选择联合创始人的问题。关于创业者在创业之初如何选择联合创始人这一问题，在前面的章节中，介绍的已经很详细了。在这里，主要讲新股东加入的情况。

初创公司想要持续稳定发展，需要不断引进人才，不断引入新的股东。什么样的人适合做新的股东，怎样才能加入公司中，这些都是股东进入机制要解决的问题。

简单来说，设计股东的进入机制就是要制定一些切实可行的规则，来引入新的"血液"。当然，这些规则并不是所有初创公司都必须制定的，当遇到现有股东为了自身利益，拒绝新股东加入，并且损害了公司利益时，如果没有一些有效规则，这会让事情变得更加难办。

由于股东不同于普通员工，不仅要参与公司的深度经营，而且也会参与公司的股权分配。所以在选择时要多加考量，有人将股东的进入机制称之为"结婚机制"，这在一定程度上也反映出了这一机制的重要意义所在。

在具体的机制设计上，创业者可以与其他现有股东约定好一些规则，比如，新的股东必须要现有股东提名，或者说新股东的进入必须经股东会超过 2/3 表决通过，也可以按照全体股东一人一票的方式投票决定。

无论制定怎样的规则，创业者一定要与其他联合创始人充分沟通，最终的规则不能只停留在各个股东达成口头上的承诺，而是要形成书面文字。

相比于股东进入机制，股东的裁减机制可能是大多数创业者更需要建立的。当公司发展战略发生变化时，某些股东可能无法适应，不仅表现在工作能力上的不足，而且还表现在工作态度等各个方面不足。在这种情况下，这类股东是必须要裁减掉的。

由于裁减股东会涉及股东的切身利益，同时也可能会伤害股东之间的感情，所以在机制设计上，要更加严格。最终的机制一定是由所有股东共同约定，并且一致认可的，不能单纯由大股东拍板定规。

股东的进入和裁减机制

图解页 **27** ｜　股东的进入机制解决的是什么样的人能加入公司的问题，股东的裁减机制解决的则是什么样的人应该离开公司的问题。

> 股东的构成是很复杂的，初创团队成员，业务骨干，技术骨干，重要顾问、重要出资人，重要关系人，早期员工……

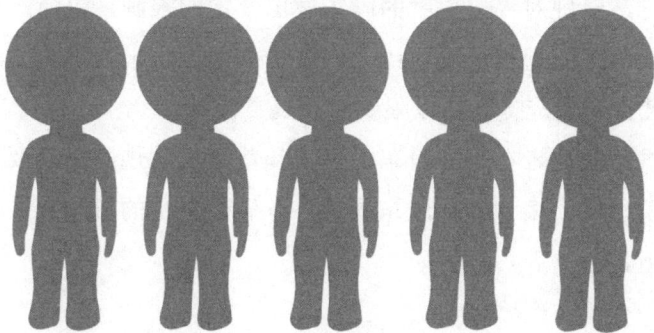

股东进入：应该充分考虑进入的必要性，预防对公司的股权机构和治理机构产生重大影响。

股东退出：退出要合法合规，并且应该充分考虑退股对公司产生的负面影响，尤其是对资金方面的影响。

◎ 解析：打造一个优秀公司，需要所有股东共同努力，这个过程可能会很漫长。对于那些中途退出的股东，如果不能再为公司创造价值，就不应再享受公司未来发展所产生的红利。

在裁减股东时，需要股东团队提名，最好不要像进入机制那样，由一名股东提名后马上展开，而应该尽可能提高裁减股东的基础要求。比如，五个人的股东团队可以约定有两个人或两个人以上股东发起裁减股东的提案，裁减程序才能启动。

在对裁减股东的提案表决时，也需要相对严格的，超过 2/3 股东同意才可生效。当然，也可以由股东投票决定，在使用这种方式时，不能将被裁减股东排除在外。

需要注意的是，在设计股东裁减机制时，股东团队还需要注意被裁减股东的股权回购问题。一定要设计好股权回购的具体规则，以免出现股东退出，股权却无法收回的情况。

最后，在股东裁减机制中，还需要注意裁减提案未通过的情况。当发生这种情况时，最好对提出提案的股东做出一定的限制，以免产生提案股东不满意结果而不断提案情况，比如，公司规定提案未通过的股东在一年之内不能继续提出相应提案，以限制股东反复提案。

总的来讲，创业者在设计股东的进入和裁减机制规则时，要从公司发展的实际情况出发，多与其他股东沟通，以保障制定的机制在关键时刻发挥必要的作用。

● 第三节　股东退出机制，好聚好散

一句话干货：

在大多数"合作即解散"的案例中，都存在股东退出机制缺失的问题。

几个人在一起做生意，能合还是要合的。只有在没办法继续合作时，才去考虑分开的问题。当然，合作时不考虑分开，并不是说不考虑股东退出机制的设计问题。

股东退出机制与前面提到的股东进入和裁减机制一样，在公司成立之初，进行股权架构设计时，一定要制定出来。如果在股东退出时，才去考虑退出机制的制定问题，创业者会遇到各种意想不到的问题。

在当前，股东因为各种原因退出公司的情况数不胜数，究其原因，主要有正常离职、非正常离职、违约离职、裁减退出、退休等。

一般而言，股东退出的最基本形式是股权转让，创业者在设计退出机制时，需要针对上述不同原因，考虑如何转让退出股东的股权，如何为股权定价以及出现退出股东拒退股权的情况时该怎么办等问题。

下面我们针对一些具体退出原因，简单介绍一些股东退出机制设计的要点。

1. 股东正常离职退出

所谓股东正常离职，可以细分为很多具体情境，但总的来说，可以将其定义为股东拥有离职的正当理由。在这种情境下，股东退出是可以理解的，因此，在确定相应的退出机制时，创业者可以在股权回购价格上定的更为合理一些。

当然，与前面提到的进入和裁减机制一样，退出机制相关规则的制定，需要股东共同商定，在股东一致同意后，方可实行。

2. 股东非正常离职

借助前面股东正常离职的定义，在理解股东非正常离职时，可以将其认为是股东在没有正当理由的情况下选择离职。在这种情境下，公司对股东离职不负责任，而退出的股东需要为自己的离职承担一些责任。

一般来说，在确定股权回购价格时，非正常离职股东的股权回购价格会相对低一些。具体而言，可以根据股东离职前在公司工作的年限来定，贡献越大、工作时间越长，股权回购价格会越高。

关于具体的股权回购价格定在多少，需要股东提前约定。比较常见的是按照股东入股时的出资额为基准，既可以平价回购，也可以溢价或折价回购。当然，也有一些公司会选择以公司净资产作为参考标准。只要得到其他股东一致认可，便可以根据实际情况来确定具体的标准。

股东的退出机制

股东的退出机制应该约定好在不同情形下，股东退出的应对及对股权处理的方法。

股东正常离职：

按照约定回购或使其保留股权。

股东非正常离职：

按照约定回购股权，股权回购价格会相对低一些。

股东违约离职：

追究其违约责任，并按约定回购或收回股权。

股东退休：

提前做好退休约定或继承约定。

◎ 解析：制度是无情的，但其是保障公司股东权益的最好方法。虽然创业之初便签订"解散协议"会伤感情，但总比解散时纠缠不清要强得多。

3. 股东违约离职退出

股东违约离职显然比股东非正常离职更为严重，因为涉及股东对公司造成伤害的问题。这种伤害可能是股东出现严重失职或出现违法行为，也可能是违反了公司制度，还可能是理念与公司发展方向相悖。

在这种情况下，股东退出前需要先承担公司的处罚，具体如何处罚，需要根据具体的违约行为来定。在股权回购时，回购的价格也会相对较低。

4. 股东退休退出

股东退休并不是一种特殊的退出情形，股东之间只需要在事先做好相关约定即可。相比于退休退出，股东因死亡、失踪或被判刑等原因而退出，对应的股权回购价格也是相对较低的。

总的来说，无论是哪种原因导致股东退出，创业者都需要与其他股东确定好相应的股权回购价格。在约定时，将所有可能出现的退出情形考虑周到。

在股东退出机制中，除了约定股权回购价格外，股东团队还需要约定好具体的股权回购支付方式，既可以约定一次性付清股权回购款项，也可以选择分期支付相应款项。为了保障经营稳定，对于那些现金流不足的创业公司，分期支付相应款项是一种更好的选择。

最后，为了能让股东退出机制更好地发挥效力，还可以在股东协议中加入高额违约金条款。当退出股东拒绝转让手中股权时，其他股东可以通过法院起诉，以赔偿高额违约金为由让退出股东完成股权转让工作。

● 第四节　股东的离婚及其股权继承问题

> 一句话干货：
>
> 　　股东团队如果对股东离婚和股权继承问题没有约定，当这些问题出现时，再临时补救，为时已晚。

在股权异动管理中，股东的离婚和股权继承情形是创业者必须考虑的问题之一，股东离婚或意外身故都会涉及股权分割问题，这一问题如果处理不好，可能会影响公司的控制权稳定。

为了让自己手中的股权更有保障，股东在与妻子约定终生的同时，也要对股权进行单独约定。这一行为虽然与"福祸与共，生死相依"的誓言不相称，却是股权保护的一种重要手段。

如果一对夫妻在婚后共同出资成立了一家公司，不仅这家公司的经营所得属于夫妻共同财产，连这家公司也属于夫妻的共同财产。在这种情况下，夫妻双方在离婚时，需要平均分割财产。

夫妻一方要求获得公司股权时，需要给予对方一定补偿。如果夫妻双方都要求获得公司股权，就要双方竞价争取；如果双方都不要公司股权，这家公司就只能按照法律申请解散清算。

可以看出，在夫妻双方共同出资成立独资公司时，离婚后的股权分割相对来说是比较简单的。如果涉及夫妻一方加入某一公司，持有公司股权时，离婚股权分割问题就会变得复杂。

如果在婚姻存续期间，夫妻一方使用共同财产而成为某一公司的股东，并获得相应股权，那么在双方离婚时，需要对这部分股权进行分割。在这种情况下，夫妻离婚股权分割不仅会涉及夫妻双方的利益，同时也会涉及公司的利益。因此，在股权分割时，需要考虑的问题会更多。

在不考虑其他规定的情况下，如果夫妻一方是公司股东，而另一方不是股东时，双方协商一致后，可以将手中的部分或全部股权转让给对方。这样，夫妻中的另一方也将会成为公司的股东。由于股权转让涉及公司的利益，所以这种股权转让需要得到其他股东的认可。

当其他股东一致同意股权转让时，夫妻中的另一方才会获得相应股权；当其他股东不同意股权转让，并要行使优先受让权时，夫妻中的另一方只能获得与股权受让相对应的财产；当其他股东既不同意股权转让，又不行使优先受让权，但同意该股东退出时，夫妻中的另一方无法获得股权，却可以获得相应股权退让财产。

当其他股东既不同意股权转让，又不行使优先受让权，也不同意该股东退出时，又该怎么解决呢？依据《民法典》相关法律规定，这种情况可以视为全体股东同意转让，夫妻中的另一方可因此获得相应股权。

可以看出，夫妻离婚时涉及的股权分割问题，由于与夫（妻）所在公司利益紧密关联，所以在具体操作时，需要获得其他股东的认可才行。如果股东离婚，还要征求股东的同意才行，这确实是复杂了很多。

为了避免出现像2010年土豆网遭遇的情况，公司其他股东也就只能"不讲人情"了。

2010年11月，经过几轮融资的土豆网，向美国证监会提出IPO申请。但谁也没想到，原本顺风顺水的上市之路，却被一场离婚官司搅乱了节奏。在土豆网提交IPO申请的第二天，土豆网创始人王微的前妻便向法院起诉，要求分割婚姻存续期间的夫妻共同财产。

原来，王微手中的土豆网股权为夫妻二人共同所有，虽然已经离婚半年之久，但从法律规定来看，王微前妻的要求是正当且合法的。根据王微前妻的起诉，法院依法冻结了王微名下三家公司的股权，土豆网也在其中，这直接导致了土豆网上市计划的搁浅。

次年6月，王微与前妻达成和解，支付了700万美元的经济补偿，结束了这场官司。这年8月，土豆网成功登陆纳斯达克，但在其之前，优酷网已经成功在纽交所上市。失去先发机会的土豆网后续的发展并不顺利，最终选择与优酷合并，成立优酷土豆股份有限公司（现为合一集团）。

之所以对股东离婚如此重视，主要是因为涉及股权转让问题，可能会影响公司的股权价值，甚至可能会影响公司的控制权问题。

为确保公司控制权稳定，对涉及股东离婚的股权分割问题，一般是以股权对应的财产权夫妻共享，而股权对应的股东身份权和表决权由股东一方享有。

当然，这需要股东与其配偶在婚姻存续期间单独签署协议。如果股东的配偶拒绝签署协议，财产共享而股东资格不共享的约定是无法生效的。

股东的股权继承虽然不会涉及股权分割问题，但仍然需要提前设计好

股东的离婚问题

股东离婚时，对于股权的处理，应该在退出机制中约定好，对可能出现的各种情形，要有相应的应对方法。

夫妻一方作为股东存在：
股权作为共同财产分割，一般由持股一方将股权折价补偿给对方。

夫妻双方作为股东存在：
股权作为共同财产，双方需要加总之后平均分割。

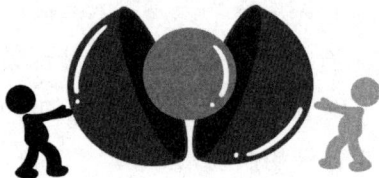

《民法典》第一千零六十二条规定：夫妻在婚姻关系存续期间所得的下列财产，为夫妻的共同财产，归夫妻共同所有：……（二）生产、经营、投资的收益……

具体规则。

　　在设计具体规则时，联合创始人团队需要考虑保护公司控制权和兑现股权财产权两方面内容，一方面要尽量避免资格和能力都不足的继承人成为公司股东，另一方面要保障退出股东的法定继承人可以依法享有兑现股权中的财产权。

　　创始人团队可以约定，当其中任何一个股东死亡，其股权需要由法定继承人继承时，需要经过公司其他股东投票表决，只有当半数以上股东表决同意后，死亡股东的法定继承人才能继承其股东资格；如果表决同意的股东没有超过半数，其他股东或公司需要回购死亡股东的股权，回购股权所支付的财产交由死亡股东的法定继承人继承。

　　在确定具体规则的同时，创始人团队还需要考虑股东股权价值变现标准的问题，尤其对估值较高的公司，持有较多股权的股东死亡时，其手中股权的价值很可能会超过公司的现有资产，这时候将过世股东的股权全部变现支付给其法定继承人，是不现实的。所以，在设计股东股权继承协议时，股东团队应当确定好相应的股权价值变现标准。

● 第五节　股权分期成熟兑现

　　一句话干货：
　　　　股权分期成熟兑现可以将股东与公司发展利益相绑定，防止创始人股东因中途退出而引发不必要的股权纠纷。

　　在创业过程中，风险无处不在，如果不事先做好万全准备，等风险突然而至时，创业的大船可能会侧翻，甚至沉入大海。

　　相比于风险，创业过程中各种问题层出不穷，如果没有有效的应对措施，有可能发展成为更大的事故。在初创公司的诸多问题中，人事变动问题是最为常见的问题。

创业前"对酒当歌"的"好兄弟"，在创业过程中突然退出，由此可能给初创公司的发展带来负面影响。其中，因股权变动带来的各种问题，对公司未来发展的影响更是深远。

为了应对这种突发问题，在股权架构设计时，设置股权分期成熟兑现机制，以更好地保障公司日常生产经营活动的稳定，同时更好地保障其他股东的切身利益。

所谓股权分期成熟兑现机制，主要是指创始人在股权架构设计之初，无法获得全部股权，需要分期成熟兑现，即在一定时期按照一定比例分配股权。如果某一股东在约定之前退出公司，其他股东可以按照事先约定来回购退出股东的股权。

设计股权分期成熟兑现机制，主要是为了保证股东团队持续稳定，防止股东中途退出而依然占有公司大量股权。

在具体实践中，股权到底何时兑现、怎么兑现，需要创始人团队在股权架构设计之初自行约定。一般来说，当前较为常见的股权分期成熟兑现机制主要有以下几种。

第一种方法是规定一个最短年限，只有达到了最短年限后，才能兑现股份。比如，一些初创公司要求股东在任职两年后，才可以兑现一半股份，而剩下的一半股权在此后数月内分期兑现。

在具体规定时，股东如果工作未满两年便离开公司，那他将无法获得任何股份。如果他在工作两年后离开公司，则至少可以拿到一半股份，但在他退出后是否可以继续持有剩余股份，需要视创始人团队最初的约定情况。

第二种方法较为常见，是按照年限平均兑现股权。大多数公司会约定四年为股权成熟兑现年限，在这四年中，股东每一年可以兑现 1/4 的股份，四年之后兑现完毕，获得全部股份。

与第一种方法一样，如果股东在第二年退出公司，那他只能兑现一半股份，剩下的一半是无法兑现的。

第三种方法是逐年增加兑现量，按照约定，股东工作第一年只能兑现

股权分期成熟兑现机制

图解页 **30** 股权分期成熟兑法主要有四种方法，在具体应用时，需要联合创始人与投资人相互协商，约定好相应规则，然后再去施行。

最短年限兑现

优点：简单，易操作。

缺点：没有持续约束力。

分期平均兑现

优点：易操作，可以约束股东。

缺点：后续激励不足。

部分2

部分1

部分3

部分4

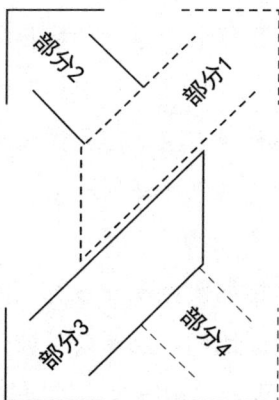

分期增量兑现

优点：持续加强激励。

缺点：兑现期较长。

业绩考核兑现

优点：最科学、最公平。

缺点：操作困难，易引发争议。

◎ 解析：股份兑现是一种远期权益，目的是将公司利益与可兑现股东权益捆绑在一起。

10%的股份，在第二年可以兑现20%的股份，到了第三年可再兑现30%的股份，依此类推，直到兑现全部股份。

这种方法的优势在于，股东任职的时间越长，可以兑现的股份也就越多。这也可以看作是对长期任职股东的一种奖励。

最后一种方法在商业实践中应用的并不多，是一种按照公司业务发展程度来兑现股份的方法。比如，一家共享出行公司可能会选择用户数量作为股权兑现标准，当达到100万用户时，股东可以兑现一部分股份；达到200万用户时，又可以兑现一部分股份。以此类推，当用户达到一定数量级后，股东便可以兑现全部股份。

除了按照用户数量兑现股份外，还可以按照项目进度、营业额等其他标准来兑现股份。相比于其他股权成熟兑现方法，这种方法的不确定性比较大，但更能激发股东的工作热情，是一种将股权兑现与公司发展结合最紧密的方法。

上面四种股权分期成熟兑现方法，在具体应用时，需要联合创始人与投资人相互协商，约定好相应规则，然后再去施行。除此之外，各方还应该约定好股权加速兑现的情况。

所谓股权加速兑现，是指加快兑现未被兑现的股权，这种情况一般会出现在公司发生特殊情况时。比如，当原公司被收购时，如果公司股东之前未被兑现的股权不加速兑现，会影响公司的股权架构重组。

当然，股权加速兑现的条件如何确定，需要当事各方沟通协调，最终形成相应的约定条款。

3

股权激励应知应会

第七章 认识股权激励

● 第一节 股权激励的意义与作用

2016 年 8 月，《上市公司股权激励管理办法》正式实施，这为中国公司进行股权激励提供了法律依据，同时也正式拉开了上市公司股权激励制度设计新时代。

公司治理需要一套完整的管理机制，最终目的是确保公司健康发展，创造出更好地经营业绩，并为公司管理团队和员工带来丰厚的利益回报。

股权激励是一种长期的激励制度，构建于公司创立之初，与公司发展相生相伴。好的股权激励制度与公司日常管理制度相协调，不仅能维护公司稳定，还可以助推公司发展。

开展股权激励，是为了在公司内部搭建一套共赢的机制，让公司各方共享利益。通过股权激励将公司发展与员工成长紧密结合，是股权激励最为重要的意义。

在未开展股权激励之前，员工在公司中扮演打工者的角色，他们靠保质保量的工作，领取固定的薪资收益；在开展股权激励后，员工成了与公司共进退的奋斗者，可以依靠股权激励实现财富积累，公司也会因为员工的努力工作而得到进一步发展。

在为员工创造收益的同时，股权激励还可以提高公司治理水平，完善公司治理结构，强化董事会的作用，加强对公司管理层的约束。

在充分激发员工自觉性的同时，股权激励制度还会通过一些限制性条件来约束被激励者的行为，比如，通过设定合理期限，加大核心员工的离职成本，确保公司架构的稳定性。

可以看到，股权激励可以从激励和约束两方面为公司发展保驾护航。实践证明，股权激励对于改善公司治理结构，提升公司管理效率，增强公司凝聚力和市场竞争力具有重要意义。

第二节　股权激励的方案设计

公司能否建立一套行之有效的股权激励制度，首先要看公司股权激励方案设计的是否合理。一个完整的股权激励方案设计应包含多种要素，找全并定准这些要素，是公司构建股权激励制度的关键。

一般来说，股权激励方案设计主要包括定目的、定对象、定模式、定数量、定价格、定时间、定来源、定条件和定机制等。

1. 定目的

为什么要进行股权激励？这是每一个公司在构建股权激励制度前必须考虑的问题，一些初创公司进行股权激励，主要是为了调动员工工作的积极性，让更多的员工全身心地投入公司发展中，为公司创造更高的经济收益；而一些处于发展阶段的公司进行股权激励，则是为了吸引和留住对公司发展具有重要价值的核心技术人员和经营管理人员。

很显然，不同的公司进行股权激励的目的是各不相同的，即使是同一家公司，在不同发展阶段进行股权激励，所要达到的目的也会有所不同。

优先确定股权激励的目的，是为了更好地明确股权激励的预期效果，公司由此能根据预期效果选择相应的股权激励模式和激励手段。

2. 定对象

"定对象"就是确定股权激励的对象，无论选择公司何种利益主体作为股权激励对象，都应该综合考虑其职位级别、岗位价值和业绩表现等多方面因素。

"全员激励"是不可取的，如果公司为了提高员工的工作积极性而将所有员工作为激励对象，最终无法实现激励的效果。

因此，公司最初在选择激励对象时，应优先考虑公司的董事或高级管理人员，除此之外，对公司发展做出突出贡献或具有重要价值的核心技术人员和管理人员，也可以作为股权激励的对象。

此外，如果某个员工所做的工作是其他员工所无法替代的，也可以考虑将其纳入到股权激励对象之中。反之，如果某个员工所从事的工作可替代性较强，在工作中又没有突出的表现，不必将其纳入股权激励对象之中。

3. 定模式

"定模式"是选择股权激励的具体模式，在这个过程中，公司需要考虑不同发展阶段不同激励模式的适配问题。

一般来说，非上市公司多会选择虚拟股票、员工持股计划等激励模式，而上市公司多是选择股票期权、业绩股票和延期支付等激励模式。

对于公司内部不同成员，具体的激励模式也会有所不同。比如，对于公司股东和高层管理者，多使用股票期权的激励模式；对于核心技术人员和一般管理人员，多使用限制性股票的激励模式；对于核定绩效人员，多使用业绩股票的激励模式……

这些股权激励模式的选择，都是基于不同的激励目的来确定的。想要把这一环节做好，公司管理者不仅先要确定好股权激励的目的，还要充分了解各种股权激励模式的作用和效果以及充分考虑公司当前所面临的各种内外部环境。

4. 定数量

"定数量"一方面是确定用于股权激励的总的股权量，即公司拿出多少股权来进行激励；另一方面则是确定每一个股权激励对象所能获得的股权数量，因为不同岗位激励对象所获得的股权数量是不同的。

在设计股权激励方案时，公司需要对用于股权激励的股权总量进行严格限制，如果不加限制地将股权用于激励，可能会影响公司控制权的稳定。

创业者不仅要对用于激励的股权总量进行限制，同时也要对每一个股权激励对象授予的股权数量制定标准，这也是出于对公司控制权的一种保护。

一般来说，公司用户股权激励的股权总量不会超过公司总股本的 10%，而公司为个别股权激励对象授予股权时，最高股权激励数量多限制在公司总股本的 1% 以下。

5. 定价格

"定价格"是确定股权的行权价格，即公司在向激励对象授予期权时，所确定的激励对象购买公司股票的价格。

让激励对象购买公司股票，一方面可以通过具体交易协议来确定员工购股行为，另一方面也是为了让员工更加重视公司给予自己的购股机会。可以说，这是为了确保股权激励长久有效的一个重要举措。

因为需要激励对象出资购买公司股票，公司在确定行权价格时，除了要考虑公司发展实际情况外，还要考虑激励对象的出资能力。如果行权价格定得太高，激励对象很可能因为没钱而放弃购股机会；如果行权价格定得太低，又会影响公司的经济效益。这两种结果都会使股权激励失去应有的效果。

处于不同发展阶段的公司，所面临的经营风险是不同的，确定的行权价格也会有所不同。初创公司在未来发展过程中会有很多不确定性，在确定行权价格时，多会按照注册资本来定价；成长期公司在发展过程中已很稳定，在确定行权价格时，多会根据净资产进行定价。

多数公司会采用一种较为常用的定价方法，即根据授予激励对象期权当天股票的市价来确定。

6. 定时间

"定时间"是指确定安排股权激励的具体时间，即在什么时间授予激励对象股权奖励，这也是股权激励方案设计时必须要明确的要素。

在公司上市前进行股权激励，还是在公司上市后进行股权激励？以定期连续授予方式进行股权激励，还是通过一次性授予方式进行股权激励？这是创业者在"定时间"流程中要搞清楚的问题。

上市前进行股权激励的效果比上市后要好一些，但在股权激励方案设计上会存在一定困难；上市后进行股权激励虽然效果有限，但股权激励方案设计比较容易，股权授予和权益兑现也更为容易。

公司可以根据自身实际情况来确定具体的股权激励时间表，一个完整的股权激励实践表中应有明确的股权授予日、失效日、可行权日、等待期、有效期、行权期、禁售期等内容。

7. 定来源

"定来源"一方面是确定用于股权激励的股票来源，另一方面是要确定激励对象购买股票的资金来源。

股权激励中常见的股票来源主要有预留股票、回购股票和定向增发股票三种。我国一些上市公司在进行股权激励时，也会选用大股东转让或以其他名义回购等方式获得的股票，作为股权激励的股票来源。

组合选用各类激励股票来源，也是一种确定股票来源的方法，相对而言，这种方法不仅能降低公司获取股票的成本，还可以避免行权时产生各种问题。

对激励对象购买股票资金来源的确定，要综合考虑激励对象的收入情况和公司当前的现金流情况，常见的激励对象购买股票的资金来源主要有激励对象直接出资，激励对象奖金、分红抵扣以及公司补助等情况。

8. 定条件

"定条件"主要指确定股权的授予条件和行权条件，其中，股权的授予条件是指激励对象在达到或满足何种条件时，能够获得相应的股权激励；而股权的行权条件是指激励对象在达到何种条件时，才能对已获得股权行权。

多数公司会将股权授予条件与激励对象的业绩挂钩，当激励对象达到业绩目标时，便会为其授予股权；而当激励对象没能达到业绩目标时，就没条件获得股权。

当激励对象达到股权授予条件，并度过行权等待期后，便可以对手中的股权进行行权。如果达到行权条件，但激励对象又不想行权，他可以选择放弃行权，但此时手中的股票期权便会作废。

股权激励的通盘考虑

图解页 31 一个完整的股权激励方案应包含多个方面，找全并定准这些要素，是公司构建股权激励制度的关键。

股权激励方案设计需要考虑的因素

公司当前股权结构

激励后股权结构

公司可预见规模

公司财务状况

公司治理机构

公司人员构成

股权激励方案设计需要遵循的原则

激励与约束并行

进入与退出并行

公平与差异并行

当前与未来并行

购买与奖励并行

（以下为环形流程图，按顺时针排列）

定目的 → 定对象 → 定模式 → 定数量 → 定价格 → 定时间 → 定来源 → 定条件 → 定机制 →（回到定目的）

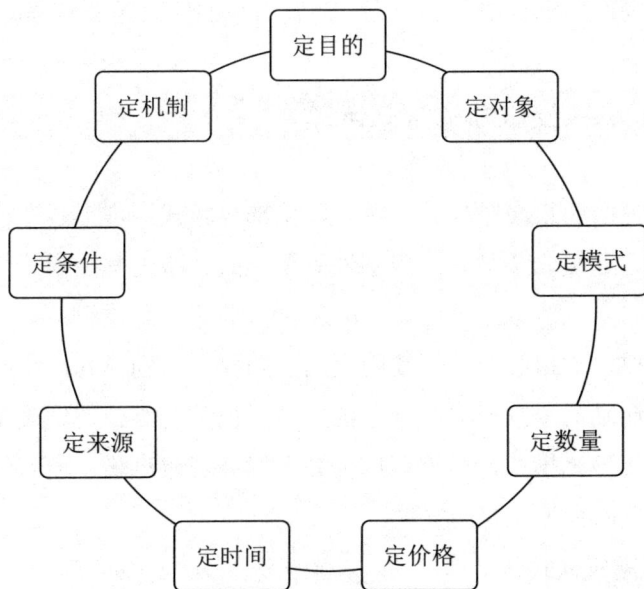

○ 解析：股权激励方案设计是一项复杂而系统的工作，公司不仅需要结合实际情况，全盘考虑，而且也要站在员工的角度去考虑，在展现公司文化个性的同时，更符合现代的管理。

9. 定机制

"定机制"是为了保障股权激励能够发挥其应有作用而确定的一种保障机制。在设计股权激励方案时，需要确定的保障机制有很多，比如，股权激励管理机制、股权激励调整机制和股权激励退出机制等。

股权激励过程中出现的各种问题，需要用股权激励管理和调整机制来解决；为了对那些已经获得股权激励的人员进行约束和再激励，则需要应用股权激励的退出机制。

当原本符合股权激励条件的激励对象不再满足股权激励条件后，创业者需要运用股权激励退出机制将其退出股权激励行列，并将相应的激励机会留给其他符合条件的人员。

至于何种情况会被计入股权激励退出机制中，要看公司具体规定，一般来说，退出公司、违反公司制度、违反国家法律的行为都是退出机制的重要内容。另外，一些公司还会将员工工作能力不高，又不思进取的行为纳入股权激励退出机制中，这一点对激励对象的约束是非常强的。

● 第三节　股权激励的模式选择

当下常见的股权激励模式主要有股票期权模式、虚拟股票模式、股票增值权模式、业绩股票模式、限制性股票模式、激励基金模式、员工持股计划等。

股票期权、虚拟股票、业绩股票属于期权类激励模式，这些股权激励模式可以为激励对象规避股权贬值的风险，但可能给公司发展带来风险；限制性股票等激励模式，虽然可以为公司发展规避风险，但可能让激励对象因股票贬值而承担一定的损失。

1. 股票期权模式

这是一种最为常见的股权激励模式，在这一模式下，激励对象可以在规定时间内，按照事先约定好的价格购买一定数量的公司股票。如果激励对象觉得公司股票在市场中表现不好，可以选择放弃行权。

选择行权的激励对象，支付相应的行权价格后，可以获得期权项下的股票。如果想要立刻获利，激励对象也可以在行权当日直接卖出手中股票，这样，行权价格和当日股票交易价格之间的差额就是激励对象获得的收益。

2019 年，字节跳动启动了大规模的期权换购，让员工可以用年终奖来兑换期权。

在具体操作上，字节跳动允许部分员工用当年年终奖，以每股 44 美元的价格，来兑换相应数量的期权，10 股起步，行权价为每股 0.02 美元，每个人兑换的上限是自己当年的年终奖总额。

根据这一兑换规则，有资格兑换期权的员工所付出的每股期权成本为44.02 美元，从当前字节跳动的估值来看，如果未来字节跳动顺利完成上市，那兑换期权员工手中的期权将会产生不小的溢价。

股票期权激励模式既公开公平，又兼顾各方利益，是一种长期高效的股权激励模式。我国许多公司都选择了股票期权，作为股权激励的主要模式，尤其资本增值较快的高科技和互联网公司对这种股权激励模式最为青睐。

在应用股票期权模式时，公司应该为激励对象设定一定的约束条件，这一约束条件可以设置得比激励对象的绩效考核指标高一些，但不应太高，以此来激励激励对象更加努力工作。

2. 虚拟股票模式

这种股权激励模式是指公司为激励对象授予的一种"虚拟股票"，当实现公司的业绩目标后，激励对象可以凭借这种"虚拟股票"获得一定的分红。

这种"虚拟股票"并非公司股票，没有所有权和表决权，不能转让也不能出售，更像是一种公司分红的凭证。公司无论为员工授予多少"虚拟股票"，也不会影响公司的总股本和股权结构。

目前，华为采用的便是这种股权激励模式，在几经变革后，现在华为已经形成一种以饱和配股制为基础，鼓励员工持续奋斗的虚拟股票激励模式。在华为，不同级别的激励对象存在不同的配股上限，一旦达到配股上限，不会再获得虚拟股票激励。激励对象若想继续获得配股，就要通过努力为公司创造更多利润，来实现职位的晋升。

除了对激励对象具有激励作用外，这种股权激励模式还对其具有一定的约束作用，因为只有公司业绩达到某个目标时，激励对象才能获得分红收益，在这段时间，激励对象一旦离职，手中的"虚拟股票"会自动失效。

为了更好地发挥这一模式的约束作用，公司可以适当将业绩目标与公司长远利益挂钩，避免将短期利益作为业绩目标，这样可以防止激励对象为了获取分红而只关心公司短期利益的情况发生。

此外，在应用这一激励模式时，公司应该充分考虑自身的现金流情况，避免因持续分红而给公司带来较大的现金流压力。

3. 股票增值权模式

这种股权激励模式主要面向公司的经营管理团队，当激励对象在规定的条件下，完成公司业绩提升要求或股价提升要求，就可以按照一定比例来获取相应的收益。

这种股权激励模式类似于商场的销售提成模式，当某个销售员销售的商品价值达到一定额度时，便可以从中获得相应的销售利润。

在这种激励模式下，激励对象所获得的激励收益完全来自于公司，当激励对象行权时，公司需要按照行权日与授权日二级市场股票差价乘以授权股票数量，计算并发放激励对象应当获得的收益。

和虚拟股票模式一样的是，激励对象也没有办法通过该模式获得公司股票；和虚拟股票模式不一样的是，激励对象可以直接通过该模式获得收益。

4. 业绩股票模式

在这种股权激励模式下，激励对象实现公司预定的年度业绩目标后，公司会授予其一定的股票或奖励其一定的现金，用来购买公司股票。

这种股权激励模式相当于直接给激励对象公司股票，在获得公司股票后，激励对象的个人利益便会与公司利益紧密相连，公司业绩上升，激励对象手中的股票便会升值；公司业绩下降，激励对象手中的股票便会贬值。

在应用这种股权激励模式时，公司要对业绩股票流通变现的时间和数量做出限制，如果激励对象获得业绩股票后就直接兑现，长期激励作用便不起作用了。

5. 限制性股票模式

这种股权激励模式是指上市公司根据预先确定好的条件，为激励对象授予一定数量的公司股票，当激励对象在达到相应条件时，才可以出售手中的限制性股票。

2020 年 7 月 10 日，腾讯发布公告，决定于 2020 年股东周年大会上，向不少于 29 700 个员工授予合计 2 600 多万股票，其目的在于奖励为公司所做的贡献，并吸引及挽留对公司发展具有重要作用的人才。

《上市公司股权激励管理办法》对这一股权激励模式做出了一系列规定，比如，授予价格的确定，限制解除的周期以及回购股份方案的确定。

需要注意的是，公司应该根据自身的业务发展水平为激励对象制定相应的业务指标，同时还要在禁售期之外，增加一些其他的出售条件，以约束激励对象的行为。

6. 激励基金模式

这种股权激励模式是指激励对象达到公司规定的年度业绩考核标准后，公司按照一定比例从净利润或净增量中提取一部分作为激励基金，并分批次发放给激励对象，让其在二级市场中购入本公司股票。

激励对象通过这种方式获得的股票具有一定的锁定期，这对于公司留住核心人才具有重要作用。在具体应用时，公司只要在充分考虑现金流情况的同时，设计好具体考核指标和激励分配方案即可。

7. 员工持股计划

员工持股计划是一种公司与员工共同分享公司所有权和未来收益权的一种股权激励模式。在这一模式中，公司内部员工可以出资认购公司的全部或部分股权，然后委托给第三方作为社团法人进入到公司董事会。

在员工持股计划中，员工通过购买公司股票，可以获得相应的公司管理权，员工实际上成了公司的股东，这对于增强员工的工作热情和公司凝

股权激励模式的选择

图解页 **32** 不同的股权激励模式可以应对不同的股权激励需求，同时也会带来不同的股权激励效果。

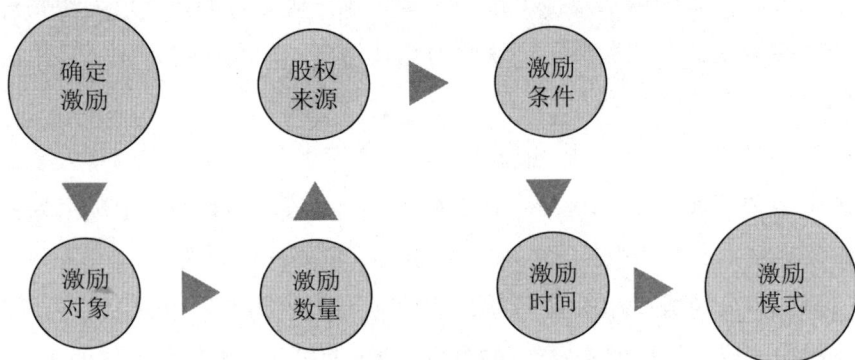

确定激励 → 股权来源 ▶ 激励条件

激励对象 ▶ 激励数量 ▲ 激励时间 ▶ 激励模式

股票期权	• 未来出资购买公司股票，成为公司股东
虚拟股票	• 不持股，只享受分红，不算作公司股东
股票增值	• 公司奖励员工卖出股票的权利
业绩股票	• 达到业绩，在限定条件下成为股东
限制性股票	• 在限定条件下，出售公司股票
激励基金	• 公司出资给员工购买公司股票
员工持股	• 员工认购公司股票，成为公司股东

○ 解析：即使是一家公司，也可以在不同时期，针对不同对象而选择不同的股权激励模式，模式是公司设定的，公司不能反过来被模式所束缚。

聚力、向心力具有重要意义。

　　但需要注意的是，在应用这种模式前，管理者要对公司进行全面的价值评估，充分考虑这种模式的可行性。与此同时，员工持股份额、分配比例以及持股计划的实施流程，都需要细化。

　　上面提到的这些股权激励模式具有不同的特点和适用范围，可以满足不同公司对不同激励对象的股权激励需求。在股权激励实践中，公司还需要根据自身实际情况，选择合适的股权激励方案。

● 第四节　股权激励的对象选择

　　从调动员工工作热情方面来讲，应当将公司全体员工都作为股权激励的对象，但在具体的股权激励方案中，这种"全员激励"的方式，很容易导致股权激励失去应有的效果。

　　因此，为了确保股权激励预期效果的实现，公司需要有目的、有区别地选择股权激励对象。一般来说，股权激励对象主要分为公司经营管理团队、公司核心骨干人才和公司新引进人才三大类。股权激励对象不同，股权激励方案也会有所不同。

1. 公司经营管理团队的股权激励

　　公司经营管理团队是公司股权激励的重要对象之一，相比其他员工，公司经营管理团队的薪资水平是比较高的，但这并不意味着他们不需要激励，他们也有获得更高收益的意愿，如果公司迟迟不对经营管理团队进行股权激励，而当别的公司愿意付出更高薪资时，经营管理团队有可能被挖走。

　　公司经营管理团队是公司的核心人员，对他们进行股权激励，既要考虑长效激励，也要考虑必要约束，既要不断提高公司经营管理团队的工作热情，又要及时淘汰不合适的人员，补充新的人员。

　　在选择具体的股权激励模式时，股票期权模式和限制性股票模式是大多数公司对经营管理团队进行股权激励常用模式。

2019 年 8 月，伊利发布了 2019 年限制性股票激励计划草案，该计划草案拟向激励对象授予 1.83 亿股公司的限制性股票，占公司总股本的 3%。这是专门针对公司经营管理团队的一次股权激励计划，对于稳定经营管理团队，促进公司发展，具有重要意义。

伊利将股票授予价格设定为 15.46 元 / 股，经营管理团队需要自筹资金去购买股票，这对于伊利年轻的经营管理团队来说，是一笔不小的财务负担。但当时伊利股票的市场价格为 30 元 / 股，授予价格与股票价格之间如此大的差额会对经济管理团队产生巨大的吸引力。

在激励的同时，伊利还利用股权激励计划草案增加了对经营管理团队的约束力，伊利经营管理团队除了完成在工作业绩、工作态度等方面综合绩效考核，还要在"净资产收益率"和"净利润增长率"上达到预定业绩指标。如此来看，伊利经营管理团队想要拿到这笔限制性股票，需要付出较大努力。

可以看出，此次伊利推出的限制性股票激励计划的效果是非常好的，对经营管理团队具有较大的吸引力。但同时，想要达到预期的业绩目标，也并没有那么容易。

2. 公司核心骨干人才的股权激励

公司核心骨干人才是公司的中坚力量，与公司经营管理团队相比，公司的核心骨干人才数量更多，变动更大，在设计股权激励方案时，需要考虑的细节问题要更多。

对公司核心骨干人才进行股权激励，主要目的是留住优秀人才，并将其个人利益与公司利益进行深度融合，当公司核心骨干人才与公司"一荣俱荣，一损俱损"时，股权激励的效果便达到了。

股票期权模式、虚拟股票模式和业绩股票模式都可以用来对公司核心骨干人才进行股权激励，不同的公司可以根据自身实际发展情况，来确定最终的股权激励模式。

2019 年 7 月 8 日，腾讯控股发布公告称，根据 2013 年的股权激励计划，决定向 4 426 个激励对象授予 1 302 余万股新股，同时向 18 845 个激励对象授予 2 116 余万股新股。

此次股权激励共计向 23 271 个激励对象授出 3 418 万股新股，根据当日腾讯控股股票收盘价 351 港元来测算，此次股权激励的股份总值大约在 120 亿港元左右，每位激励对象大约能获得 51 万港元的奖励。当然，根据自身职位、经验和工作表现的不同，每个激励对象所获得的股权奖励也是各有不同的。

截至 2019 年 3 月，腾讯共拥有 54 623 名员工，此次共有 23 271 名员工参与到股权激励之中，这一股权激励的范围是非常广的。从这一具体数量来看，在这些股权激励对象中，大部分都是腾讯的中层员工。

在腾讯公司的发展历程中，如此大范围、高份额的股权激励并不常见，腾讯公司的意图其实很明显，就是要留住公司核心骨干人才，让他们在公司中发挥更大的作用。当越来越多的骨干人才依靠自身努力，在实现价值提升，获得财富收益后，其他员工也会更加努力工作，以期达到自身价值与财富的增长。

3. 公司新引进人才的股权激励

股权是一种稀缺且具有较高价值的资源，一些公司会选择用股权激励来吸引人才。这种方法很有效，但也有一定的风险，如果用对了方法，选对了人，结果是皆大欢喜；如果用错了方法，选错了人，结果就可想而知了。

是否对一个新引进的人才进行股权激励，首先要考虑该人才能为公司带来的实际价值。如果决定对该人才进行股权激励，使用股票期权模式要比直接使用实股激励效果更好，因为当新引进人才无法为公司带来预期价值时，能将公司所面临的风险降到最低。

在新引进人才之外，如果创业者想要对优秀员工进行激励，那么结合绩效考核制度，使用全员分红的方式，显然比股权激励更容易获得预期效果。

当公司业绩提升遇到瓶颈，员工缺乏工作热情时，为全体员工设置一个业绩目标基数，只有超出业绩目标基数的员工，才可获得相应的利润提成。这种"干得多，赚得多"的绩效增收机制可以有效提升员工的工作

选择股权激励对象

图解页 **33** | 为了确保股权激励呈现好的效果，公司需要有目的、有区别地选择股权激励对象，并对不同对象施以不同的激励方法。

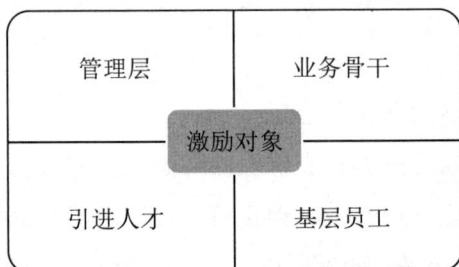

长期激励为主

激励与业绩挂钩

设置约束条款

签署竞业和退出协议

多重激励措施并行

激励与个人成长挂钩

考虑股权的变现问题

管理层	业务骨干
激励对象	
引进人才	基层员工

远期激励为主

激励作为薪资的一部分

激励与目标挂钩

设定员工持股计划

激励与公司文化并行

大范围激励

重视激励之后的分红

◎ 解析：基层员工作为公司的重要组成部分，在股权激励中不应该被忽视。

热情，帮助公司摆脱困境。

当公司经营成本过高，员工只关心个人收益而忽视公司整体效益时，设定一个成本基数（低于现有经营成本），然后将一定周期的成本降低的部分以一定比例分配给全体员工，同时对具体部门或项目的员工优胜劣汰。这种成本淘汰机制可以在有效降低公司经营成本的同时，为公司建立完善的人才选拔机制。

相比于股权激励，上面提到的两种分红激励机制，更适合于对公司全体成员进行激励。创业者可以在这种全体员工的分红激励机制之上，再对特殊员工群体进行股权激励，从而实现最大化的激励效果。

● 第五节　股权激励中的持股方式

"持股方式选不好，股权激励等于白做。"该论断虽然说得有些绝对，但也并不是毫无道理的。

当前股权激励中，常见的持股方式有员工直接持股、创始人代持、持股平台持股，这三种持股方式各有优缺点，公司需要根据自身实际情况来选择。

1. 员工直接持股

员工直接持股是让激励员工成为公司的自然人股东，享有《公司法》规定的全部权利并承担相应的义务。

初创公司很喜欢这种持股方式，由此来留住核心员工。对公司发展至关重要的员工，让他们成为公司的直接股东，会增强他们对公司的忠诚度。此外，员工直接持股，在获得分红和转让股权时所承担的税负很低，有利于增加员工的收益。

这种持股方式的优点很明显，同样缺点也明显。员工直接持股需要频繁变更工商信息，如果员工离职，公司要收回股权而被员工拒绝时，双方就会陷入僵局，对公司发展是不利的。

另一方面，公司的直接股东越多，针对某项决议形成决策的效率会越低，当股东无法形成一致意见时，公司的发展就会受影响。此外，直接股东过多，会降低创业者对公司的控制权，为公司稳定发展带来隐患。

出于激励与约束的双重考虑，建议这种持股方式只运用在公司联合创始人或高级核心管理人员身上，不要为了过分追求激励效果，而让太多员工直接持股。

2. 创始人代持

创始人代持是公司创始人与员工签订协议，将股权置于自己名下，但实际部分归员工所有。这种方式操作起来很简单，能够很好地保护公司的控制权，但对员工利益的保护有所不足。

这种持股方式还会导致公司股权结构不清，影响公司正常上市。因此，这种持股方式多被用在公司发展初期，在股权激励制度还未成形前，由创业者代持预留股权池中的股权，在后续公司发展过程中再对其进行分配。

3. 持股平台持股

持股平台持股是一种较为复杂的持股方式，员工可以通过一个持股平台来间接持有公司股份。持股平台的类型有很多，可以是有限责任公司，也可以是信托或资管计划等。

让员工先持有某个持股平台的股权，然后由这一持股平台再持有公司的股权，员工就间接持有了公司的股权。在这种持股方式下，员工只享有股权中的收益权、分红权，而没有投票权，不会对公司决策产生影响。

这种持股方式可以避免公司股权结构频繁变动，无论股权激励的范围有多广，创业者可以将控制权牢牢掌握在自己手中。

股权激励持股方式的选择权握在创业者手中，在选择持股方式时，优先确保公司的安全与稳定是无可厚非的，但与其同时，如果能够兼顾员工的利益，让员工共享公司发展红利，才是股权激励的真正意义所在。

无论选择哪一种持股方式，创业者要让员工得到实实在在的收益，而不是通过股权激励为员工"画一张大饼"。

三种股权激励的持股方式

图解页 **34**　　　公司需要根据自身实际情况选择合适的持股方式，只有选对了持股方式，股权激励才能起到积极效果。

优点：

创始人对公司控制力强。

缺点：

持股员工感受度低。

优点：

持股员工感受度高。

缺点：

后续问题较多，公司变革困难。

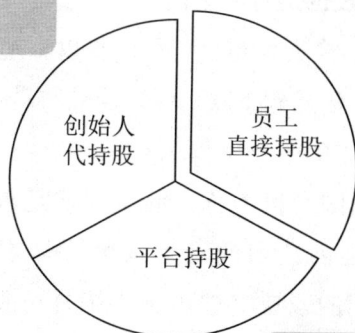

创始人代持股

员工直接持股

平台持股

优点：

科学股权管理，创始人和员工各取所需。

缺点：

存在不确定的第三方风险。

◎ 解析：持股方式的选择可能涉及一个重要但很少有人关注的领域——公司接班问题。我国大量民营公司在早期因为草率地选择了持股方式而产生的遗留问题，可能成为接班中的障碍。

第八章　股权激励的应用实操

第一节　股权激励到底该不该做

不同的公司面对的发展环境是不同的，在考虑要不要进行股权激励时，不同的创业者考虑的因素也是有所不同。

2021 年 5 月 27 日，格力发布公告称，将以不超过 70 元的价格进行股票回购，回购金额在 75 亿元到 150 亿元，回购数量在 1.07 亿到 2.14 亿股，这些股票约占公司总股本的 1.78% 到 3.56%。

对于回购股票的原因，格力称，此次回购是董事会对公司发展具有信心，同时也考虑了当前公司的经营状况、财务状况以及未来的盈利能力等因素。此次回购的股票将被用于实施公司股权激励或员工持股计划，以此来完善公司治理结构，形成管理团队持股的长期激励与约束机制。

不只是格力，近年来，许多家电公司都发布了股权回购公告，而回购的股票则大多被用在员工的股权激励上。

一般来说，在思考"股权激励该不该做"时，创业者只要综合考虑好公司属性、发展前景、市场竞争、人员稳定性和具体时机等因素，可能会得出一个较为明确的答案。

1. 公司属性分析

相比于资金密集型公司或是资源密集型公司，高技术公司和互联网公司对股权激励的需求是比较大的。对智力资源和人才资源相对较为依赖的

股权激励的可行性四问

35 在决定进行股权激励时，创业者必须要搞清楚在激励过程中的各种问题，否则带着问题做激励，很可能会"一败涂地"。

公司对于核心人才的依赖程度高，还是低？

越高，越可行。

公司发展规模是否可预见？

越可预见，越可行。

公司面对的市场竞争是否激烈？

越激烈，越可行。

公司员工流动性是否健康？

越健康，越可行。

○ 解析：股权激励核心问题：你是否愿意以牺牲自己的一部分利益为代价，换取公司的稳定，且这种稳定是否必要？

公司，对于股权激励的需求往往是比较大的。

2. 发展前景分析

在思考是否进行股权激励时，创业者应该对公司未来的发展前景有一个清楚的认知，如果公司发展势头良好，未来发展前景乐观，股权激励可以让公司获得进一步的发展；如果公司在未来一段时间的发展前景不容乐观，盲目进行股权激励可能会引发一些不必要的风险。

3. 市场竞争分析

为了应对激烈的市场竞争，公司可以通过股权激励的方式来吸引人才，以缓解自身的竞争压力。相比而言，对所处行业市场竞争并不激烈的公司，实施股权激励的紧迫性就没那么高。

4. 人员稳定性分析

一般来说，一线城市的人员流动性比其他城市更大，年轻群体的流动性比年长群体流动性更大。

如果存在人员流动性大的问题，公司可以通过股权激励来稳定人心。在设计具体的股权激励方案时，需要考虑切实可行的方法来解决人员流动性过大的问题。

5. 具体时机分析

股权激励到底该不该做，还需要考虑具体时机的问题。处于不同发展阶段的公司，对股权激励的需求是不同的，这不仅表现在股权激励方案的差异上，也表现在股权激励时间和周期的选择上。

创业者需要充分分析当前的发展情况，是否有需要依靠股权激励解决的问题，并以此来确定当前是否需要开展股权激励。如果确有必要，则要综合考虑各方面因素，制定详细的股权激励方案，切不可在方案未成熟之前"病急乱投医"，盲目开展股权激励。

此外，在没有明确要进行股权激励之前，创业者最好不要向员工，尤其是核心员工轻易许诺，以免因诺言无法兑现而影响员工的工作热情。

● 第二节　股权激励该何时来做

从股权激励的作用机制来看，在公司发展的任何阶段都可以进行股权激励。对于同一家公司，在不同发展时期开展股权激励，不仅激励对象会有所不同，具体的激励内容也会不尽相同。

1. 公司处于初创阶段

初创公司进行股权激励，激励对象通常是几个联合创始人。通过对公司实际股权的分配来开展股权激励，需要注意预留部分股权，以作后续股权激励之用，如果将股权分得太"干净"，会为后续股权激励活动的展开埋下隐患。

2. 公司处于成长期

当公司度过初创阶段，进入迅速发展时期，适时开展股权激励会帮助公司"更上一层楼"。

这一时期的股权激励主要围绕公司核心管理人员和中层管理人员展开，在具体的激励模式上，主要以股票期权和虚拟股票两种模式为主。

3. 公司处于成熟期

大多数公司在进入成熟期之前，进行过股权激励，一些准备上市的公司在这一时期还会再进行一轮股权激励，以激励公司核心骨干成员。

相比于前一阶段的股权激励，在做新的股权激励方案时应更加谨慎，创业者应该吸取前一阶段股权激励的经验与教训，充分考虑好实施股权激励对公司未来发展可能造成的影响。

4. 公司进入衰退期

进入衰退期的公司，再去进行股权激励，效果会相对有限，但这并不意味着公司在这一阶段不能开展股权激励。只要股权激励方案的实施，不会进一步加剧公司的衰退，都是可以考虑的。

相对来说，在这一时期公司直接以现金形式对员工进行激励，效果也许比股权激励效果更好。

无论公司处于何种发展阶段，只要有需求，又有条件，就可以进行股

公司的生命周期与股权激励

开展股权激励，公司在不同时期会面临不同的风险，只有提前规划好相应的避险措施，才能走得长远。

创立期	成长期	成熟期	衰退期
公司前景不确定，股权是公司重要激励手段，要衡量公司初创团队的战斗力和重要性，可以考虑股权激励，但需要权衡。	公司需要引入大量资金，股权是融资的重要手段。团队不断扩大，核心团队稳定性至关重要，股权激励是稳定核心团队的重要措施。	公司经营模式相对稳定，考虑是否进入资本市场，股权激励要视情况而定。	公司亟待转型，要做好转型后的股权激励方案，为引入新模式、新人才做准备。

风险：竞争乏力，管理成本过高。

风险：公司活力减弱，资金介入抢夺控制权。

风险：资金链问题。

风险：未通过市场检验。

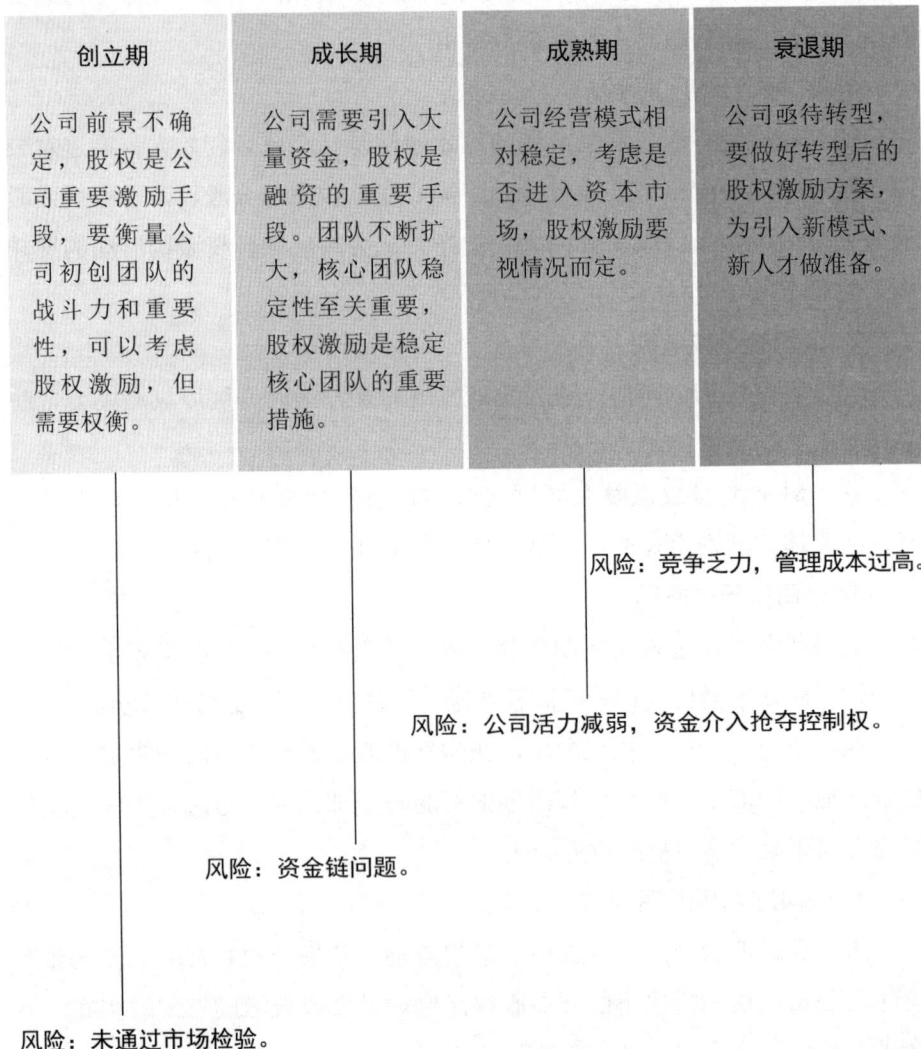

◎ 解析：处于成长期的公司要靠股权激励制度全力向前冲刺，处于衰退期的公司则要靠股权激励制度来让公司"起死回生"。

权激励方案的设计；当公司有需求，却没有条件时，创业者就要想办法创造条件，之后再着手去设计股权激励方案。

股权激励的方法是可以仿效的，但股权激励的实践是没法复制的，公司在进行股权激励时，要有自己的节奏和速度，不能盲目跟风，更不能不考虑后果，否则这会变成害公司、伤员工的"坏事"。

第三节 股权激励的基本流程

股权激励并不是一种为员工"送温暖"的简单奖励活动，而是与公司日常管理制度具有同等重要意义的非常规制度。公司开展股权激励，只有按照科学规范的流程进行，才能充分保障员工和公司双方的利益。

从国内外公司的股权激励实践来看，一个完整的股权激励流程主要包括调研评估、方案设计、方案实施和管理优化四个环节。在这些具体环节中，又有一些具体的细分步骤，需要创业者特别注意。

1. 调研评估

调研评估是股权激励的前期流程，这一流程的工作主要从公司和员工两方面入手，即立足于公司层面的调研与针对目标员工的调研。

立足于公司层面的调研，主要是对公司的具体情况展开调研，比如，公司的股权结构是什么样的，公司有没有财务问题，公司有哪些亟待解决的问题，公司的业务发展情况如何……完成调研后，相关负责人需要给出一份评估报告，将具体的调研结果呈现出来。

针对目标员工的调研，主要是对潜在激励对象的调研，可以使用调查问卷，也可以直接面谈。调研负责人需要了解潜在激励对象对股权激励的态度，包括他们对股权激励的了解程度、对股权激励的基本诉求，甚至对股权激励的具体建议。

无论是调研公司，还是调研员工，目的都是尽可能地为股权激励积累可参考资料。通过调研得来的资料，再去进行股权激励方案设计，会更有效。

2. 方案设计

在某种程度上，股权激励方案设计比股权激励的实施更重要。想要做出好的股权激励方案，首先要做好调研评估工作，一些公司在做方案前，往往不做或者淡化调研评估工作，这种做法是十分错误的。这样去设计股权激励方案，如同"纸上谈兵"，很可能会导致最终的股权激励偏离公司的发展方向。

在设计股权激励方案时，一般会先设计一个初步方案，然后交由核心股东和董事会成员讨论，将多方意见汇总后，再去设计更为完整的股权激励方案。前面提到的股权激励方案的设计要素，都要在方案中有所体现。

3. 方案实施

有些公司在股权激励方案确定后，直接要求激励对象签署协议。这种做法过于草率，在这之前，公司应该先做一些准备工作。

在股权激励方案设计完成后，公司先召开一个动员会，将潜在激励对象聚集起来，让他们了解此次股权激励的规则与内容。当潜在激励对象了解了此次股权激励的细则后，公司可以从第二周开始实施股权激励方案。

在动员会中，面对潜在激励对象提出的各种问题，公司要及时予以回复和解决，不能无视这些问题而盲目地推进股权激励方案的实施。

4. 管理优化

股权激励方案做得再好，在实施过程中也免不了会出现一些问题，若要使股权激励方案能够达到预期效果，就要在方案实施过程中，持续不断地进行管理优化。

规模较大的公司，可以成立股权激励管理小组，专门应对股权激励方案实施过程中出现的各种问题。规模较小的公司，可以由某个部门或创业者来负责这项工作，及时调整和优化股权激励方案，解决临时出现的问题。

上述的四个流程是股权激励的一个基本流程，在面对一些较为复杂的股权激励时，还会存在一些更为细化的流程，因为股权激励的范围越广、内容越多，细化的流程环节也就越多。无论股权激励的方案有多复杂，只要创业者抓好这四个流程的工作，便能有效保障股权激励预期效果的实现。

股权激励方案设计

图解页 **37** | 好的股权激励方案，不仅可以提升公司的经营业绩，还可以提高员工的工作热情。晋商"复字号"的股权激励便验证了这一点。

晋商"复字号"咸丰九年（1859年），股权激励方案

	东家银股	掌柜身股	伙计身股	银身股比例	每股分红
原股权分配	60股	40股	0	6:4	1 200两
激励后分配	55股	35股	10股	5:5	3 000两（1862年）

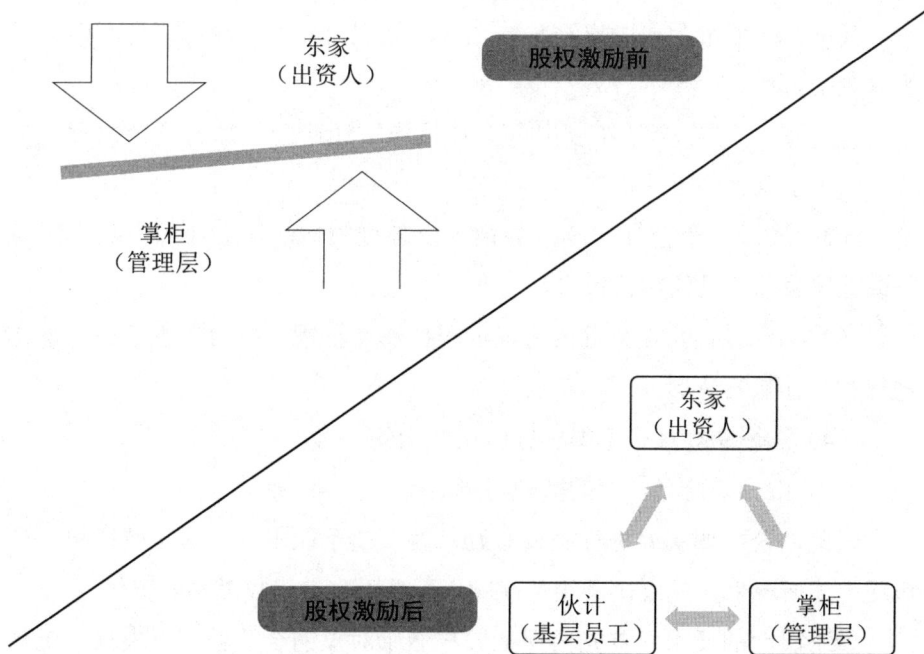

东家（出资人）

股权激励前

掌柜（管理层）

东家（出资人）

股权激励后

伙计（基层员工）　掌柜（管理层）

◎ 解析："复字号"以向伙计（基层员工）派发股权的方式，增加了基层员工的收入，稳定了基层员工团队，提升了基层员工的工作热情，从而让业绩得到了提升。激励后的股权分配比例，虽然让东家（出资人）的股权比例从占比例的60%降至55%，但与此同时让掌柜（原管理层）的持股比例缩减得更多，这在一定程度上稀释了原管理层对公司的控制权。

● 第四节　股权激励的进入机制

股权激励的进入机制解决的是谁有资格参与股权激励的问题，这是股权激励在实施过程中要解决的关键问题。

一个完整的股权激励进入机制，有两个层面的要求，一是在公司层面上，要求股权激励的程序符合相关法律规定；二是在员工层面上，在合法合规的基础上，潜在激励对象必须要达到相应的业绩考核要求。

公司层面的要求，主要是指公司进行股权激励时要按照《公司法》《证券法》《上市公司股权激励管理办法》等相关法律法规的相关规定去做。

其中，《上市公司股权激励管理办法》规定，以下几种情形不得实行股权激励。

（1）最近一个会计年度财务会计报告被注册会计师出具否定意见或者无法表示意见的审计报告。

（2）最近一个会计年度财务报告内部控制被注册会计师出具否定意见或无法表示意见的审计报告。

（3）上市后的 36 个月内出现过未按法律法规、公司章程、公开承诺进行利润分配的情形。

（4）法律法规规定不得实行股权激励的。

（5）中国证监会认定的其他情形。

因此，公司如果要进行股权激励，就一定不能出现上面这些情况。在出现上述情况后，先解决了相关问题，再着手去做股权激励的工作。

员工层面的要求，首先要保证股权激励对象的合法合规，根据《上市公司股权激励管理办法》规定，上市公司董事、高级管理人员、核心技术人员或者核心业务人员以及公司认为应当激励的对公司经营业绩和未来发展有直接影响的其他员工（不包括独立董事和监事，但包括公司外籍员工）都可以作为股权激励对象，而以下人员不能作为公司股权激励对象。

（1）单独或合计持有上市公司 5% 以上股份的股东或实际控制人及其配偶、父母、子女。

（2）最近 12 个月内被证券交易所认定为不适当人选。

（3）最近 12 个月内被中国证监会及其派出机构认定为不适当人选。

（4）最近 12 个月内因重大违法违规行为被中国证监会及其派出机构行政处罚或者采取市场禁入措施。

（5）具有《公司法》规定的不得担任公司董事、高级管理人员情形的。

（6）法律法规规定不得参与上市公司股权激励的。

（7）中国证监会认定的其他情形。

在确保激励对象身份合法合规的同时，上市公司还需要设立激励对象获授权益、行使权益的条件。在为激励对象设定具体的行权条件时，需要考虑激励对象的身份问题，身份不同，具体的行权条件也会有所不同。

如果激励对象是公司董事和高级管理人员，要为其设立相应的绩效考核指标。绩效考核指标既要与他们个人的业绩指标挂钩，也要与公司的业绩目标挂钩。如果激励对象是公司的技术人才或优秀员工，在设立绩效考核指标时，可以更多与他们个人业绩指标相挂钩。

员工股权激励的进入机制主要解决股权激励的政策合规性和方案设计的合理性问题，是股权激励方案设计的重要环节。只有明确了必要的进入机制，公司的股权激励才能起到积极作用。

第五节　股权激励的考核机制

股权激励的考核机制解决的是激励与约束的问题，一个股权激励方案只有做到激励与约束并重，才是有效、可行的，而要做到这一点，需要拥有一个完善的股权激励考核机制。

一些公司在设计股权激励方案时，只设计了与激励相关的内容，而忽略了相应的约束条款，这种股权激励方案在实行过程中，很容易陷入激励过度或激励失效的困境中。

股权激励方案中的考核机制需要同时具备激励和考核效果，既要公平公正，又要细分责任与回报，同时还要便于调整和退出，只有兼顾了这三个方面的考核机制，才是行之有效的考核机制。

1. 确保公平公正

做得多、做得好的员工应该获得更多奖励，这是股权激励考核机制的公平性要求。如果让那些对公司做出更多贡献、业绩表现更好的员工，与工作表现一般、业绩水平一般的员工享受同样的股权激励，这不仅无法获得预期激励效果，还会对公司造成较大的负面效果。

2. 细分责任与回报

公司需要通过考核机制将公司的业绩目标拆分成员工个人的业绩目标，员工在完成个人业绩目标后，将会获得相应的股权激励回报。

3. 便于调整和退出

在股权激励方案实施过程中，公司需要通过考核机制对方案优化调整，同时要用考核机制筛选和淘汰激励对象。

在股权激励之前，有些潜在激励对象工作效率很高、业务能力也很强，但在股权激励实施过程中，不仅无法顺利完成工作，更无法通过业绩考核，这类员工通常会被考核机制淘汰。

为了更好地对潜在激励对象进行筛选，考核机制中必须加入相应的退出内容，即潜在激励对象在何种情况下会被淘汰，淘汰的标准是什么，这些内容应该规定清楚。

兼顾上述三方面内容，是股权激励的考核机制基本要求。在具体设计时，股权激励的考核机制也要从公司和员工两个层面进行设计。

1. 公司层面

股权激励考核机制在公司层面的设计，一般以一年作为考核周期，具体考核指标和指标权重，公司应根据自身发展战略以及当前实际发展情况来确定，不能把考核指标定得太高，也不能定得太低。

2016 年 1 月，杭锅股份发布限制性股权激励计划（草案）披露了第 1 期业绩考核的解锁目标：2016 年归属于上市公司股东的净利润 18 000 万元或公司市值在 2016 年度任意连续 20 个交易日达到或超过 100 亿元。

可以看到，在本次杭锅股份股权激励计划的考核指标体系中，净利润

设计股权激励考核内容

图解页 **38**　股权激励考核内容的设计应在考虑多维度效果的同时，量化业绩考核、专业考核和忠诚度考核等各项内容。

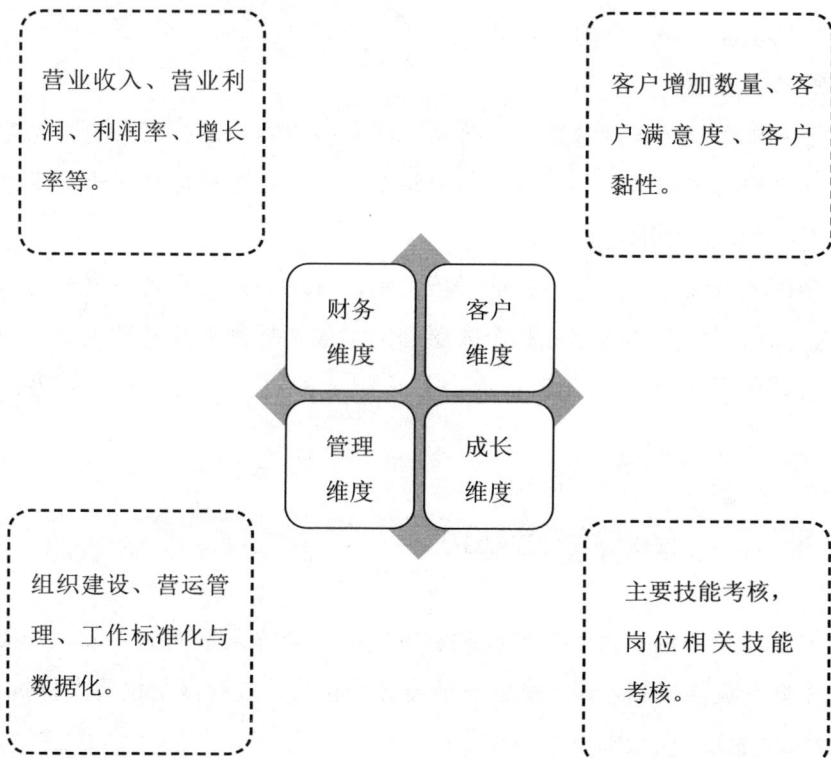

营业收入、营业利润、利润率、增长率等。

客户增加数量、客户满意度、客户黏性。

财务维度	客户维度
管理维度	成长维度

组织建设、营运管理、工作标准化与数据化。

主要技能考核，岗位相关技能考核。

业绩考核	• 可以量化的各种业绩指标 • 业绩指标的同比与环比
专业考核	• 不同岗位所必备的专业技能 • 岗位内及跨岗位协调工作能力
忠诚度考核	• 工作积极性、主动性、牺牲精神 • 有无重大违纪行为

工作业绩考核之外，还应该对员工工作能力及工作态度进行加权考核，比如，将工作业绩权重设置为80%，其余两项各为10%，用以全面评估激励对象。

和市值是重要指标。净利润代表着公司在未来能给股东带来多少可分配的收益，与公司的盈利能力直接挂钩；市值指标代表着股东在二级市场的获益情况，可以帮助公司在资本市场上树立良好形象。从意义上来看，选择这两个指标进行考核是较为贴切的，但相比于净利润，想要顺利达成市值这一考核指标，并没有那么容易。

2. 个人层面

个人层面的考核内容多是从公司层面考核内容中分解而来的。先设计公司层面的考核内容，在此基础上拆解细分，把公司目标分解给员工，最终会得到个人层面的考核内容。

总体绩效指标是一种不错的考核机制，有的公司会将公司层面的绩效指标、部门层面的绩效指标和个人层面的绩效指标都放入考核机制之中，这种总体绩效指标体系在考核内容和范围上都更为全面，考核效果也会更好。

● 第六节　股权激励的退出机制

股权激励的退出机制是股权激励方案中一个非常重要的环节，如果没有一个好的退出机制，即使其他环节设计得再好，股权激励也会大打折扣，进而增加实施股权激励方案的风险。

2007年，富安娜集团制定了股权激励计划，打算以此来激励公司及下属控股子公司的董事、监事、高级管理人员和业务骨干，吸引并留住人才。

为了确保股权激励计划的成效，富安娜集团与有资格参与股权激励的高级管理人员签署了"承诺函"，双方约定"自签署承诺函时起，到公司上市之日起三年内，不得以书面形式提出辞职、不得连续旷工超过七日、不能发生侵占公司资产并导致公司利益受损的行为，如果违反上述承诺，自愿承担对公司的违约责任，并向公司支付违约金。"

此后，在2008年，一些拿到限制性股票的高管人员向富安娜集团提出辞职，并很快加入了另一家大型家居用品公司。眼见高管人员违约退出，富安娜集团在 2009 年将这些拿到限制性股票的高管人员告上法庭，要求法院判令各被告分别赔偿巨额违约金。最终，凭借事先签署的"承诺函"，富安娜集团打赢了官司。

在股权激励中常见的退出情况，主要有两种，一种是激励对象没有拿到股权便退出了，另一种是激励对象在行权后退出。

如果在没有拿到股权时退出，激励对象会直接丧失行权资格，公司将收回激励对象还未行权的激励股份。

一般来说，与公司解除劳动关系、丧失劳动能力或行为能力、被追究刑事责任、工作中出现较大错误、严重违反公司章程，都会导致激励对象未行权便退出的情况发生。为了应对这种情况，公司和激励对象会在签订协议时，作好书面约定，若情况发生，按照具体约定执行即可。

处理激励对象在行权后退出的情况会更复杂，因为此时激励对象已经拿到了一部分激励股权，他们的退出会涉及股权回购的问题。为了应对这个问题，创业者需要在退出机制中设计好股权回购的相关内容。

1. 股权回购的具体方式

股权回购在大数情况下都是强制性的，退出的激励对象没有太多讨价还价的余地，至于以什么方式、什么价格回购股份，则要看股权激励退出机制是如何设计的。

在股权回购方式上，一些公司会选择让离职员工出售手中的股份后，再办理离职手续，以此来完成股权回购；一些公司则会让退休员工只保留股份的分红权，以确保公司股权的控制权。因退出情形不同，具体的股权回购方式也会有所不同。

2. 股权的退出价格

相比于上市公司股票价格的公开性，非上市公司的股份并没有一个准确的价格，所以在设计退出机制时，创业者一定要提前确定好股权的退出价格。

将购股价格作为退出价格，是一种常见的股权退出价格确定方法，激励对象在购买股份时的价格是多少，在卖出股份时的价格就是多少。

具体而言，如果激励对象购买股份的价格是按照净资产价格来确定的，

股权激励的退出机制

图解页 **39** | 股权激励退出机制要做的，就是让员工在离职时得到自己应得的利益同时，不能损害公司的利益。

设计锁定期

公司与员工约定：员工获得股权后，至少需要在公司继续工作 5 年，那么，这 5 年就是员工的锁定期。如发生特殊情况，则作如下处理。

员工在锁定期内主动离职的	员工在锁定期外主动离职的	员工退休的	员工死亡的	员工离婚分割财产的
其持有的股份，按照入股时的价格由公司回购。	员工继续享受公司分红，分红时间为5年，分红期满后公司回购员工股份，回购价格按照公司最近的一次员工股权激励的价格计算。	由公司收回其持有股份的80%，剩余的20%股份保留分红，直至其死亡后股份由公司按照市场价收回，股份交付给合同约定的继承人。	继承人不能继承股东资格，仅保留分红权5年，5年后退出，如继承人直接要求退股的，股份价格按照锁定期外员工主动离职时的价格收回。	其配偶不能取得股东资格，配偶只享受股东分红权。如其配偶要求退股，按照员工主动离职时的价格收回。

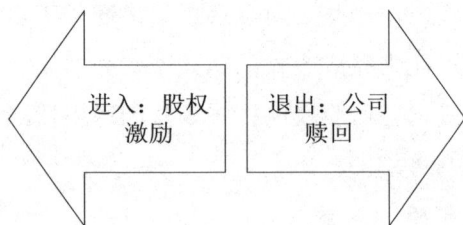

进入：股权激励　　退出：公司赎回

◎ 解析：股权激励是一个极为专业的行为，不仅涉及财务知识、管理知识，还涉及法律知识，所以必须在激励之前就预设各种退出条款，以免后续出现不必要的法律纠纷。

那退出时股份的价格也要按照净资产价格来确定；如果激励对象购买股份的价格是按照净利率倍数来定的，那退出时股份的价格也要按照净利率倍数来确定；如果激励对象购买股份的价格是按照上一轮融资价格来定的，那退出时股份的价格也要据此而定。

这种"同进同出"的原则是当前使用较多的一种股权退出价格确定方法，大多数退出情况都可以使用这种方法。当然，一些特殊情况需要使用特殊方法来确定股权的退出价格，创业者在设计退出机制时，应该将特殊情况规定清楚。

激励对象的特殊退出情况主要有两种，一种是过错性退出，比如，违反了法律法规、违反了公司章程、损害了公司利益等；另一种是无过错退出，比如，未达到业绩目标、未在行权期内行权、达到法定退休年龄、死亡或失踪等。

激励对象因过错退出时，股权回购价格的确定会带有一定的惩罚性，但很少会让激励对象倒贴钱去卖股份。大多数公司会以激励对象实际出资购买股份的价格作为回购价格，这种剥夺股权收益的方式也可以看作是对激励对象的一种处罚。

激励对象无过错退出时，股权回购会分成以下三种具体情况。

第一种情况针对的是未行权激励股份，那些还没有行权的激励股份不再行权，激励对象等同于丧失行权资格。

第二种情况针对的是未解锁激励股份，未解锁或尚在锁定期、禁售期的激励股份，应由普通股东按激励对象的实际出资价格回购。

第三种情况针对的是已行权激励股份，已行权、已解锁的激励股份需要激励对象在三个月内完成转让和兑现，如果超过三个月还没有转让、兑现，则由普通股东来进行回购。

除这些特殊情况之外，股权激励的退出机制还需要明确激励对象的离婚和继承问题，直接将"激励股份不得继承，也不得作为夫妻共同财产分配"写入退出机制中，可以有效避免因这些情况所带来的麻烦。

第九章　股权激励中的常见问题

● 第一节　全员奖励，不如不奖励

前面已经提到，针对全体员工的激励不是不能做，只是最好不要用股权激励去做，这样既会让股权激励失去效果，也会让公司股权变得"一文不值"。从众多公司的股权激励实践来看，对全体员工进行股权激励的效果，远没有对特定员工激励的效果好。

2018年6月，小红书完成了一笔3亿美元的融资，公司估值也超过了30亿美元。这次融资由阿里巴巴领投，金沙江创投、腾讯投资、纪源资本、元生资本等新老投资人参与跟投。小红书的上一次融资，还要追溯到2016年3月，当时是由腾讯、元生资本和天图资本为小红书投资了1亿美元。

对于此次融资，小红书有明确的规划，此笔融资的资金将会被用到扩大团队规模，加大算法分发的基础设施建设上，用来应对用户规模的增加可能给平台运营带来的影响。

从表面上看，全员股权激励后每个员工都能拿到股权，都获得了收益。如果将每个员工对公司的贡献纳入考量，就会发现所有员工都有同样资格参与股权激励，实际上损害了对公司贡献更多的员工的利益。

一家公司究竟是否需要对全体员工进行股权激励，主要看公司进行股权激励的根本目的是什么。如果公司想通过股权激励来提高员工工作热情和工作效率，将全体员工纳入激励范围之中，也未尝不可，但创业者一定要在设计股权激励方案时注意"激励的差异性"。

在具体操作时，想要达到"激励的差异性"的方法有很多，比如，针对不同层级的员工给予不同的股权配额，一旦员工股权配额达到上限，不再分配新股。

华为所进行的全员持股分红是一种饱和式的虚拟股制度，不同级别的员工拥有不同的配股上限，当达到配股上限后，不会再获得新的配股资格。

这是一种全员激励，却很好地突显了"激励的差异性"。新员工只要努力向上，便可以获得更多的配股资格；老员工如果不思进取，就无法获得新的配股资格。这种股权激励方法对华为的所有员工都可以起到很好的激励效果。

除此之外，公司还可以采用分批次激励的方式，来体现"激励的差异性"，即一次只对一个层级的员工进行激励，一个激励周期后，再对下一层级员工进行激励，以此达到全员激励的目的。

对于大多数公司来说，针对某一特定群体进行激励，比直接面向全体成员进行激励更简单、更有效。在第一个激励周期中出现的各种问题，可以在新的激励周期中及时调整，进而追求更好的激励效果。

之所以说"全员奖励不如不奖励"，是因为许多公司无法掌控全员激励的效果。如果拥有成熟可行的股权激励方案，能够确保股权激励预期效果的实现，"全员激励"也是可以推行的。当然，"激励的差异性"是创业者必须要考虑的问题。

● 第二节　拿多少股权做激励更好

股权激励机制是一种长效激励机制。在设计之初，创业者需要面对"拿多少股权做激励"的问题。从更好地留住核心员工的角度看，用作激励的股权似乎越多越好，但从激励效果实现的角度看，"多"并不意味着"好"。

根据相关规定，上市公司授予激励对象的股份数量不能超过公司总股本的10%。非上市公司虽然没有相关规定，但考虑自身未来发展，一般会拿出10%到20%的股权来做激励。

股权激励的数量问题

图解页 **40** 创业者在股权激励时，应该充分考虑公司、员工双方利益的均衡，不能激励过度，也不要激励不足。

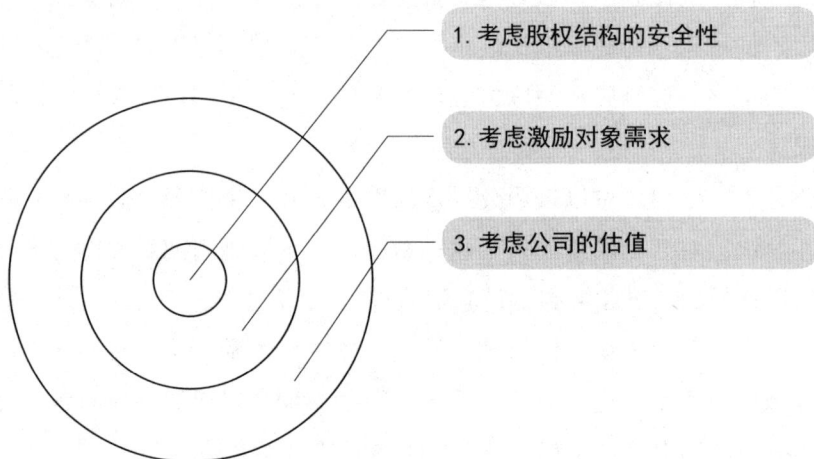

1. 考虑股权结构的安全性

2. 考虑激励对象需求

3. 考虑公司的估值

❶ 创业者需要充分考虑公司控制权保护的问题，不能因股权激励而将自己的股权稀释太多。如果存在股权稀释风险，创业者需要采取一些必要措施来规避风险。

❷ 在股权激励之前，充分的调研是必要的，创业者不能"拍脑门"定方案，而是要在与激励对象沟通后，再对股权激励方案进行优化、推行。

❸ 在股权激励之前，创业者需要确定好公司在同行业中的地位，以此来确定最终的股权激励标准，过高和过低的激励水平都会让股权激励失去效果。

○ 解析：股权激励的效果好与坏并不在于股权激励总量的多与少，公司一味地多拿股权做激励，并不一定能取得好的效果。创业者需要从公司发展实际情况出发，综合考虑各方面因素，才有可能设计出更完善的股权激励方案。

"拿多少股权做激励更好"这个问题之所以难回答，主要是因为这涉及各方面，拿出的股权少了，可能无法取得预期激励效果；拿出的股权多了，有可能激励过度，甚至影响公司控制权的稳定。所以，创业者在确定用于激励的股权总量时，需要综合考虑各方面因素。

1. 考虑股权结构的安全性

创业者在做股权激励前，应该先梳理好公司的股权结构。如果公司的股权较为分散，在进行股权激励时，可以少拿出一些股权，防止因为激励额度过大，而将股份稀释得太多。

如果公司未来还有资本规划，创业者在进行股权激励时，更应该将激励股权限制在一个合理的范围，防止将来因引进风险投资而丧失一票否决权。

为了避免这些风险，创业者还可以设立持股平台代持股权，或与激励对象签订一致行动人协议。

2. 考虑激励对象需求

在进行股权激励之前，创业者需要与激励对象进行充分沟通，这也是股权激励方案设计的一项重要工作。

一些创业者喜欢自己"拍脑门"来做决定，因为创业者担心与激励对象沟通后，对方会要求太多。

这种情况确实存在，谁不想从股权激励中获得更多股权呢？激励对象要求获得更多股权份额，归根结底是为了获得更多收益。如果创业者能够对激励对象讲清楚未来股权的增值和溢价回报，激励对象有可能会放弃对股权的要求。

创业者与激励对象在股权激励上达成一致是最好的结果，但最终的决定权还是在创业者手中，创业者可以结合公司薪酬，来确定最终的股权激励数量。如果本公司薪酬水平低于同行业水平，可以适当拿出一些股权做激励；如果本公司薪酬水平高于同行业水平，可以少拿一些股权做激励。

3. 考虑公司的估值

在考虑公司估值之前，创业者需要先确定公司具体的激励水平，当然，这需要创业者先确定好公司的激励水平比同行业平均水平高或低多少，这样才能确定最终激励水平。

比如，一家宠物医疗机构，确定行业平均激励水平为 200 万元到 400 万元，这家公司激励水平处于行业中上游，所以决定将股权激励的水平定在 300 万元。

确定完股权激励水平后，这家宠物医疗机构又决定在未来 3 年选择 30 个激励对象，由此可计算出这家宠物医疗机构在未来 3 年需要拿出的股权激励费用：30×300=9 000 万元。

确定股权激励费用后，考虑公司未来 3 年的估值将会达到 5 亿元，如此，便可以算出这家医疗机构需要拿出 18% 的股权来进行股权激励。

股权激励总量的确定，并不能由公司随心所欲而定，而是需要从多角度综合研判而定。

● 第三节　什么是动态股权激励

作为留住和激励公司核心人才的重要措施，股权激励已成为公司股权架构设计中的重要议题。

一些公司能够发展到今天，很多都是依靠股权激励而实现的。在当前商业市场中，早期的股权激励在具体实践中产生了较多问题，制约了公司的长远发展。

对此，有别于传统的股权激励，一种更为高效的动态股权激励逐渐在商业市场中流行起来。

动态股权激励主要针对股权激励过程中存在的"激励不足"和"激励过度"问题，帮助创业者提供一种更高效的股权激励方式，真正实现对人才的激励。

动态股权激励能够实时反映激励对象的贡献，相比于静态股权激励，这种激励方式能够及时调整对激励对象的股权激励，从而达到最好的股权激励效果。

在"动态"之外，这种股权激励方式更注重"联合"的效果，通过联合机制，创业者可以将股权激励与公司文化相结合，将公司制度、公司文化和公司的员工紧密联结在一起。在这种股权激励方式下，员工在获得股权收益的同时，公司也会朝着更为健康的方向发展。

在单一的期权激励之外，动态股权激励还可以选用更多其他股权激励手段，如虚拟股权激励、奖励基金激励和直接股权激励等。创业者在设计具体方案中，可以根据公司实际情况，将这些股权激励手段搭配起来使用。

在选择激励对象上，动态股权激励主要以公司高管、销售、技术等关键岗位人员为主，通过所有权与分红权分离的方式，为激励对象分配股权。与此同时形成的，往往还有对应的岗位竞争制度，以保障股权激励的有效施行。

一般来说，在设计一个完整的动态股权激励体系时，需要先设计出一个较为基础的静态股权激励方案，通过这一方案，可以达到对关键人才的激励作用。而在此基础上，创业者还需要根据公司不同发展阶段的不同需要，为静态股权激励方案增加一些动态因素，比如，加入股东的进入、退出机制，或是加入股东股权的增加、减少机制。

完成上面两步后，一个较为完善的动态股权激励体系就构建起来了。此时，创业者还需要将公司的文化价值、组织架构等因素加入激励体系中，为这一体系增添更高层级的保障。

简单来说，持续地激励对公司发展至关重要的员工，保障其对公司的忠诚，让其持续为公司创造价值。当然，在这一过程中，其自身的价值也是在不断提高的。

在做股权激励时，创业者需要首先考虑公司当前处于何种发展阶段，还需要考虑当前公司员工处于何种层次。

在考虑公司处于何种发展阶段，在设计动态股权激励体系时，侧重点是有所不同的。比如，公司处于初创阶段，就应该多在联合创始人股权分配和期权池预留方面下功夫。而公司发展到了成熟阶段，应该多在核心人

动态股权激励

图解页 **41** | 动态股权激励方案设计要按照一定的流程进行，同时还要考虑公司发展阶段以及激励对象选择的问题。

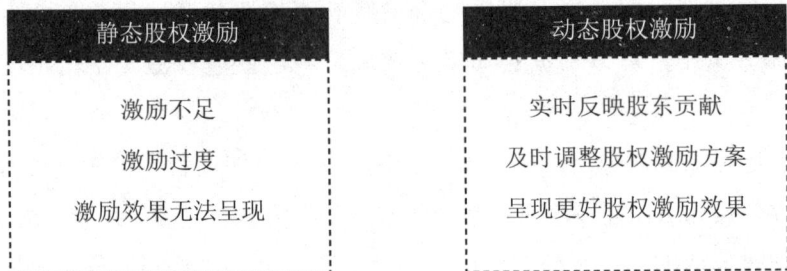

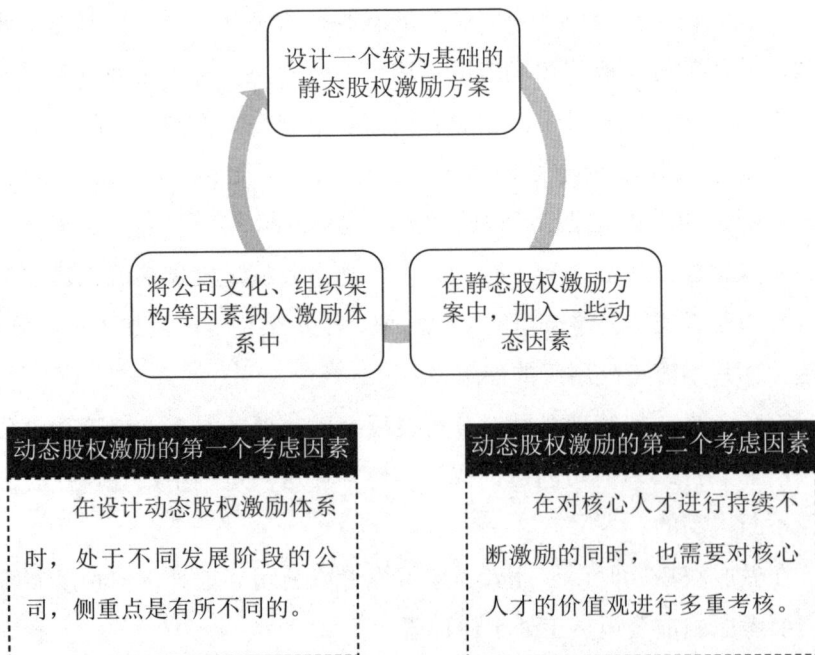

静态股权激励
激励不足
激励过度
激励效果无法呈现

动态股权激励
实时反映股东贡献
及时调整股权激励方案
呈现更好股权激励效果

设计一个较为基础的静态股权激励方案

将公司文化、组织架构等因素纳入激励体系中

在静态股权激励方案中，加入一些动态因素

动态股权激励的第一个考虑因素
在设计动态股权激励体系时，处于不同发展阶段的公司，侧重点是有所不同的。

动态股权激励的第二个考虑因素
在对核心人才进行持续不断激励的同时，也需要对核心人才的价值观进行多重考核。

○ 解析：在动态股权激励制度下，股东贡献值的大小会被实时量化，股东因此获得的股权份额由此产生差别，正所谓"多劳多得，少劳少得"。

才的持续激励方面下功夫。

在第二个考虑因素中，创业者既需要针对核心人才给予持续不断地激励，同时也需要对核心人才的价值观进行多重考核。在进行动态股权激励时，如果关键岗位的核心人才的价值观与公司文化、公司价值观不相符，对这些"关键人才"的激励要适度。

在这里，动态股权激励对不同员工进行"区别对待"，关键岗位的核心人才自然会获得更多股权激励。如果核心人才无法融入公司发展中，与公司共进退时，对其股权激励就会出现"动态变化"，这也是动态股权激励的优势所在。

● 第四节　代持股权要慎重

股权代持指的是实际出资人与他人约定，利用他人名义来代替自己履行股东权利义务的一种股权处置方式。实际出资人之所以选择代持股权，可能是不愿意公开自己的身份，也可能是为了规避经营中的关联交易等。不论原因如何，只要不违反国家法律强制性规定的，都是有效的。

在股权激励中，股权代持的情况也比较多，初创公司在股权激励时，为了招揽人才并保住控制权，通常会由创业者代持激励股权；选择成立持股平台的公司，在持股平台还未成立前，也会由创业者代持激励股权；一些搭建 VIE 架构的公司，为了避免员工境外持股，也会选择由创业者代持激励股权……

代持股权为代持双方带来便利的同时，也会让双方承担较大的风险，如果股权代持协议不合格，股权代持双方很容易发生权属纠纷。

1. 被代持股权一方被当成"局外人"

在选择股权代持后，被代持股权一方并不能获得法律认可的股东地位，与公司在形式上没有任何关系，这是被代持股权一方所要付出的必要代价。如果被代持股权一方与代持股权一方发生纠纷，被代持股权一方是没办法直接向公司主张相应的股东权利的，只能通过代持股权方主张权益。

代持股权要慎重

图解页 **42** 选择代持股权的股东需要了解其中的风险，更要知道如何在股权代持协议中添加约定条款来规避这些风险。

代持股权可能遇到的风险

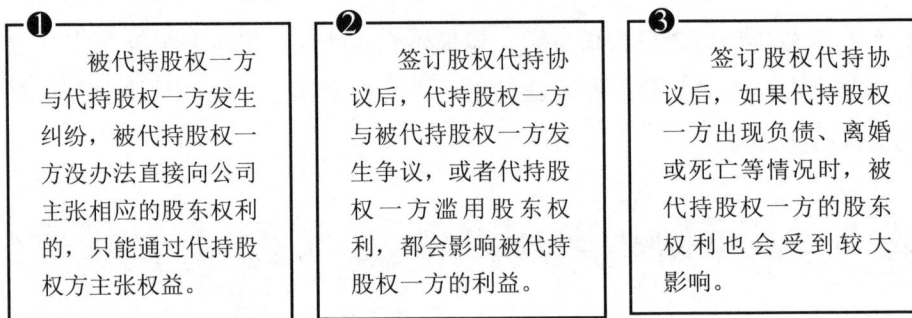

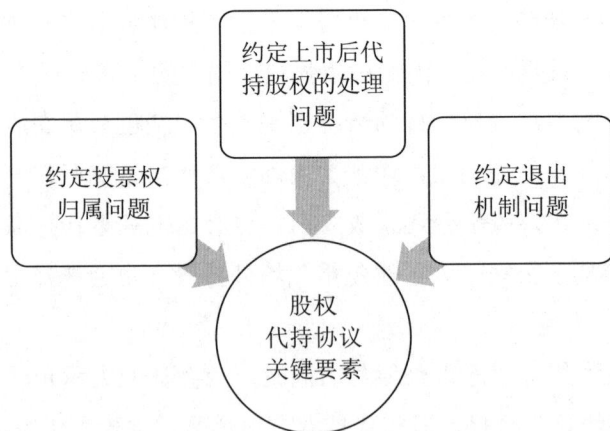

❶ 被代持股权一方与代持股权一方发生纠纷，被代持股权一方没办法直接向公司主张相应的股东权利的，只能通过代持股权方主张权益。

❷ 签订股权代持协议后，代持股权一方与被代持股权一方发生争议，或者代持股权一方滥用股东权利，都会影响被代持股权一方的利益。

❸ 签订股权代持协议后，如果代持股权一方出现负债、离婚或死亡等情况时，被代持股权一方的股东权利也会受到较大影响。

约定投票权归属问题

约定上市后代持股权的处理问题

约定退出机制问题

股权代持协议关键要素

◎ 解析：在签订股权代持协议时，被代持股权一方需要仔细查看协议中的具体细则，如果发现有不完备的地方，需要及时将股权代持协议补充完整，以防影响股东权利的实施。

在创业者代持员工激励股权时，员工基本上只享有股权的分红权，其他股东权利都是由创业者实施。

2. 代持股权一方恶意损害被代持股权一方利益

在签订股权代持协议后，被代持股权一方的股东权利实际上由代持股权一方行使，双方若发生争议，或者代持股权一方滥用股东权利，都会影响被代持股权一方的利益。

以创业者代持员工激励股权为例，当创业者与员工发生纠纷，拒绝将股权收益给予员工时，员工是没办法直接向公司主张股东权利的。如果股权协议中没有相应规定，员工的利益可能无法得到保障。

3. 代持股权一方负债、离婚或死亡

当代持股权一方出现负债、离婚或死亡等情况时，被代持股权一方的股东权利也会受到较大影响。

如果代持股权一方出现无法偿还的债务，法院有权查封其代持股权，并以此来抵扣债务的。此时，被代持股权一方只能依靠股权协议向代持股权一方索赔，但代持股权一方很难对此进行赔付的。

如果代持股权一方突然离婚，其名下的代持股权作为财产会涉及离婚分割纠纷；如果代持股权一方意外死亡，其名下的代持股权作为财产还会涉及继承问题。这种突然出现的情况，会让被代持股权一方卷入纠纷，影响其财产权的实现。

上面提到的这些问题，都是股权代持可能出现的风险，想要规避这些风险，需要在股权代持协议上下功夫。公司在制定股权激励的代持协议时，不能直接套用一般的股权代持协议模板，应该着重注意以下三个问题。

（1）约定投票权归属问题。在签订股权激励代持协议时，要约定股东权利的分配问题，比如，约定分红权由激励对象所有，而投票权由代持股权一方（通常为公司创始人）所有，代持股权一方有权按照自己的意愿做出决策，同时也不得剥夺被代持股权一方的分红权。

（2）约定退出机制问题。在签订股权激励代持协议时，需要约定激励对象离职后，代持的股权被收回的问题。同时，需要将具体的股权回购

价格确定下来，是按照公司净资产计算，还是按照估值折算，都要写到代持协议中。

（3）约定上市后代持股权的处理问题。如果公司将来打算上市，还需要在代持协议中约定在准备上市期间代持股权的处理问题。如果激励对象打算长期在公司任职，可以考虑将其登记为直接股东，或是转入持股平台间接持股。

在股权激励中应用代持股权，一定要注意代持股权协议的拟定。公司在制定每一份股权激励协议时，都应该充分考虑公司和员工双方的利益，既要做到让每一个获得股权的员工受到足够激励而更加努力工作，又要做到从公司发展实际情况出发而不让公司陷入被动之中。

4

股权融资和股权转让

第十章 股权融资——以股权换资本

● 第一节 公司为什么要进行股权融资

公司想要不断发展壮大，需要持续获得资金支持。这种资金支持可以是公司经营所得，也可以是公司融资所得。在多数情况下，融资是公司获得资金的主要方法。而在众多融资中，股权融资是最主要，也是最常用的一种方式。

以股权来进行融资，顾名思义就是公司拿出一部分股权，让其他人出钱购买这部分股权。其中，"其他人"可以是个人，也可以是机构，统称为投资人。

投资人投资公司可能有两种目的，第一个目的是公司发展会让股价增值，投资人从中获取差价。另一个目的是投资人从自身发展战略考虑，将融资公司作为商业战略的一部分，但这种方式多见于公司投资人对有关联公司的投资。在这里暂时不考虑第二种，只讲第一种。

当你面对的是一个可以提供给公司资金，但迟早会出售公司股权的投资人时，自己需要怎样去做呢？在进入投资环节之前，你需要问自己以下几个问题。

1. 为什么要融资

你需要对自己的资金需求有一个明确的认知，而不能仅仅因为缺钱就去融资。事实上，大部分公司无论发展到哪个阶段，都会面临着缺钱的问题。

股权融资双方的对比

图解页 **43** 　创业者需要靠融资获得发展资金，投资人需要靠融资获得巨额回报，看似相向而行的双方，实际上都有自己的"小心思"。

公司创始人	公司商业模式获得成功，公司股价稳步上升，公司获得稳定盈利，得到长远、稳定的发展	创业成功结业长青	必要的时候，为了公司发展而牺牲自己利益
投资人	公司股价上涨，获得更多关注，成功上市后获取新资本的加入	股价上涨套现离场	必要的时候，为了公司股价而牺牲管理团队，亦可以出售股权而离场

○ 解析：公司原始持股的创始人团队与投资人的利益并不是绝对一致，有的时候甚至可能是相反的，不要以为投资人是和自己"站在一起"的。

处在不同发展阶段，面对不同的市场环境，公司需要资金的急迫程度和数量是不同的，但都用融资来解决，毫无疑问是不妥的。只有当融资的收益远远超过融资的风险时，融资才是必要的。

2. 为什么要融资

真正懂得资本运作的公司，大多会在资金链已经出现严重问题时再去融资，因为此时公司已经没有议价空间了。因此，公司应该选择什么时间去融资，应视实际情况而定。

3. 如何控制融资频率

如果公司是一家进入资本市场并且能够获得融资的公司，那么融资频率是一个需要思考的问题。一般来说，融资频率会涉及一些常见的名词，天使轮、A 轮、B 轮……融资的频率根据公司所在的环境和公司的发展情况各不相同，但总的来说，公司应该控制好节奏，掌握主动权，不要让资本牵着鼻子走。

4. 为了融资，可以付出多大的代价

公司获得资本，这是融资带来的收益。与此同时，公司丧失股份，丧失一定程度的话语权、主动权，甚至背上丧失公司的风险，这是融资的代价。在进行融资之前，公司需要考虑清楚，可以为融资付出多大的代价，这个问题涉及公司可以出让的股份和权益。否则，贸然进入资本市场，会因为没有预设防线而掉到投资人的"陷阱"。

最后，公司在融资前还需要做好充足的准备，无论公司计划做得多好，毕竟环境是复杂、多变的，投资环境及投资人的各种状况，都可能会影响公司的融资成功与否、融资进度。对此，创业者要正确地去看待。

第二节　股权融资前的必要准备

在确定需要进行股权融资之后，公司需要做些什么准备工作呢？

一、确定融资方式

一般而言，股权融资有股权质押、增资扩股、股权私募、股权转让

等方式。

1. 股权质押

股权质押是指持股人用自己的股权作为质押标的进行质押，质押内容主要是股权中的财产权，而并非股权的全部权利。这种方式简单理解就是用股权作为抵押物向他方借钱。

股权质押的优点是可以保有股权的管理权，缺点是过大的股权质押会给公司造成较为严重的经济压力，让市场对公司价值有所担忧。

2. 增资扩股

增资扩股是指通过增加公司股份数的方式引入新的资本，具体可以分为向社会募集、发行股票、引入新股东、让原股东增加投资等。增资扩股往往需要改变公司原有的股权结构，甚至可能引发公司管理结构的变化。

3. 私募融资

私募股权融资是一种定向引入新股东的方式，指的是通过向私募机构转让股份的形式来增加公司运营资本。与私募股权融资相对的是在公开市场以发售股票的形式来筹集资金，比如，公司上市，或是上市公司的增发和配股等。

4. 股权转让

股权转让是指股份持有人通过将手中股权转让给他人的方式，让他人成为公司股东的一种行为。严格意义上说，股权转让并不是一种公司层面的融资方式。该行为带有融资属性，因为股东可以用这种方式盘活资金，其本质是持股股东的套现离场。

二、选择融资途径

确定了融资之后，公司需要判断去哪里融资。目前，在我国的资本市场中，融资渠道一般有风险投资、天使投资、股权众筹、证交所上市等形式。

1. 风险投资

风险投资，简单来说就是投资人（或机构），以资金等方式向目标公司投资并获取一定的股权，以期获得一定的回报，而这种回报往往是公司成长过程中的价值增值。

股权融资的四种方式

确定股权融资方式是股权融资的必要准备，在融资之前，创业者非常有必要对各种融资方式进行分析。

┌─ **股份转让** ─┐　　┌─ **股份质押** ─┐　　┌─ **增资扩股** ─┐　　┌─ **私募融资** ─┐

　A 将股份转让给 B，B 成为公司股东，A 获得现金而离场。

　A 以股权作为抵押物向 B 融资，A 仍有公司管理权，B 在某种约定情况下获得公司股权。

　A 以增加公司股份为条件向 B 融资，B 得以进入公司而成为新股东，公司获得 B 的资金。

　A 向私募基金 B 融资，以股权部分转让、质押或增资的方式获得 B 的资金，B 持有公司股权。

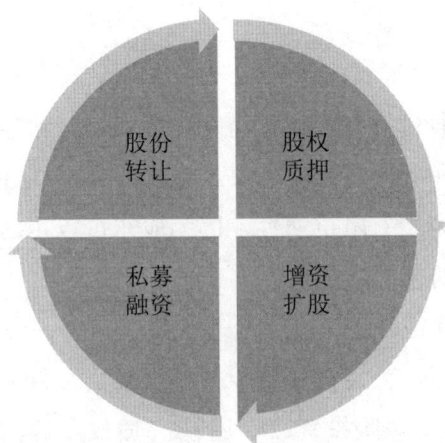

股份
转让

股权
质押

私募
融资

增资
扩股

◎ 解析：融资方式的选择决定了公司融资将会付出怎样的代价。在实际的商业运作中，处于初创阶段的小型公司，往往不具有选择融资方式的主动权。

在资本市场上，风险投资机构非常多，一些银行类金融机构也设有单独的风险投资部门。这可以说是公司最广阔的融资渠道。但难点在于，风险投资机构对公司的评估十分严格，并倾向于投资运营模式较为成熟、有增值空间的公司，一般公司想要获得他们的投资是十分困难的。

2. 天使投资

天使投资也是一种风险投资，只不过相对于风险投资机构的"势利眼"而言，天使投资稍显"平易近人"一些。

起初，天使投资都是由新经济领域成功人士创立的，带有较强的个人色彩，因而对初创公司较为友好。但近些年，天使投资开始逐渐机构化，导致很多天使投资和大型风险投资机构已经没有本质的区别了。

相对于风险投资机构，天使投资对投资初创公司，尤其价值未显现但未来可期的中小公司有更强的意愿。与此同时，天使投资的局限性是投资金额往往不大，但好处在于天使投资人往往能够给公司带来资金之外的支持，比如，管理经验、行业关系等。

3. 股权众筹

股权众筹是指公司面向普通投资者，通过出让一定比例股份的方式获得资本。简单地说，公司可以将股权众筹理解为一种广泛地寻找股东，尤其是随着各种互联网金融平台的发展，股权众筹目前已经逐渐成为一种较为常见的融资形式。

不同于风险投资的目标性，股权众筹是无目标或无确定目标的，但由此可能引发各种问题，比如，如何鉴别众筹对象，如何不触犯相关法律，如何做好公司所有权保护等。

4. 证交所上市

在资本市场上，最常见的股权融资方式就是上市。上市，简单来说就是将公司部分股权在交易所挂牌销售，每一个购买公司股份的股民都可以成为公司的股东。在我国，能够为公司进行股票上市的有上海证券交易所、深圳证券交易所。上市市场分为主板上市和新三板上市。

主板上市。主板 IPO 被称为"首次公开募股"，指公司通过证券交易所首次公开向投资者发行股票，以募集公司发展所需的资金。与其他融资渠道相比，IPO 上市融资不仅融资范围广，而且有利于提高公司的品牌知名度。

新三板融资。一些不符合主板上市的公司，可以选择在面向中小公司的新三板上市融资。但问题在于，新三板上市只针对某些高新科技公司，且对所在地域、行业、盈利能力等有一些硬性的要求。

三、阐述公司的商业前景

阐述公司的商业前景最常见的方式是撰写一份真实的商业计划书。在计划书中，要写清以下几点内容。

1. 公司的核心价值

公司的核心价值包括公司是做什么的，公司团队成员都有哪些经历，并且能赋予公司什么样的价值。

在介绍这些内容时，融资公司尽量不要将所有团队成员都列在商业计划书中，因为投资方想看到的是公司创始团队的核心价值。洋洋洒洒写一大批人及其经历，只会弱化公司的专业性，让投资人看不到公司的价值所在。

2. 公司在所在领域中的现状

公司想要在哪个领域发展？当前处于领域中的什么位置？公司可以发展到领域中的哪个位置？公司与成功的公司有哪些优势？公司如何确保能够在这个领域获得成功？这些问题如果回答不好，说明公司的发展战略有问题。

有些创业者常有一种不切实际的想法，觉得阿里巴巴一开始也没有明确的发展战略，最终却做成了今天的商业"帝国"，因此，只要团队强大，一开始的战略并不重要。但要知道，亿万个创业公司中只出现了一个阿里巴巴，你这种"闯一步看一步"的发展方式对自己公司来说是可以的，但对投资人来说，是不可接受的。

3. 公司的资本需求及其用途

了解了公司之后，投资人还需要了解自己投入的资金去向，也就是融资公司需要解释为什么需要资金，需要多少资金，这些资金在进入公司之后会用来做什么以及使用资金后公司达到的目标。

在资金的需求和使用方面，融资公司一定要尽可能详细地表述，如果只是泛泛地写一些"用于扩大生产""强占市场份额"，这是没有任何说服力的。

以上三点是一个商业计划书所必须具备的内容，除了这些内容，融资者还可以酌情加入一些方法说明、SWOT 优劣势对比等，用数据可视化的方式呈现给投资者，用最少的时间为投资者传递最关键的信息。

需要注意的是，为股权融资做好准备，并不意味着一定能够实现股权融资。在创投领域，股权融资失败的概率远远高于成功的概率。做好股权融资准备，只是你实现股权融资的第一步，接下来的每一步，对实现股权融资是十分重要的。

第三节　股权融资的基本步骤

如果公司已经完成了融资准备工作，就可以进入资本市场以股权换取资本了。那么，进入资本市场之后，需要做些什么工作呢？

第一，寻找最合适的投资人。

融资要始于利益，终于道德。当后续需要赎回股份或股权变更时，道德较高的投资人能够站在公司的角度考虑，不会因为想要获得高额投资回报而让公司陷入较高的风险之中。

所以，当公司作为有选择权的一方时，在选择投资人的时候，应优先评估投资人在行业的口碑。

除此之外，公司需要考虑投资人投资之外的附加价值，这种附加价值主要是投资人的关系网络，尤其是在中国资本市场，由投资人牵线时为投资公司配备行业内的优质资源屡见不鲜。

另一方面是投资人本身的品牌效应。一些默默无闻的公司，如果能够获得业内顶尖投资人的投资，对打造公司知名度是很有帮助的。比如，一家小互联网公司，突然获得了雷军的天使投资，那么在外人看来，代表着雷军对这家公司的未来有信心，当这家公司在市场上寻找开拓业务或寻求再一轮的融资时，毫无疑问能凭此享受很多便利。

第二，初步估值和商定投资框架。

在选择好投资人并与投资人达成投资意向之后，双方便开始深入地接触。在此之前，公司可能对投资人有了很多了解，但投资人对于公司的了解，往往还仅限于公司的介绍或公司的计划书，这当中毫无疑问会有很多美化的成分，那么现在投资人要做的是对公司做一次初步的判定，看看与公司到底值不值得继续接触下去。

站在融资公司的角度看，一方面，公司配合投资人完成对公司初步的估值，帮助投资人解答一些疑惑。另一方面，公司可以根据投资人的情况，提出自己的投资框架并与投资人进行初步谈判。

投资框架一般应该包括融资的金额、可以让出的股权份额、公司发展的阶段性考评、增资和减资的条件、公司事务决定权、未来股权退出的条件等。

在这个阶段，公司要尽可能地考虑周详，尽量多地提出自己的诉求，因为双方在这一阶段只是初步接触，投资人会通过自己的初步估值和融资公司提出的条件进行判断，以免在谈判的时候陷入被动。

第三，配合投资人完成尽职调查。

在双方达成初步的投资之后，投资方会对融资公司展开尽职调查。尽职调查的主要目的是调查融资公司的各项情况，股权结构、行业地位、人员构成、财务状况、业绩表现等，只要能调查的方面，投资方一定会将融资公司的情况摸个遍。

此时，作为融资公司的一方尽量要配合投资人的工作，这主要是出于两方面考虑，一方面，尽职调查对于公司来说，是一种自我检测的好机会，之前公司存在的各种问题都可能被调查出来，正好给管理者一个完善公司的机会。

另一方面，不要在尽职调查的时候弄虚作假，否则会给后续的工作增加难度。公司不要想着尽职调查暴露的问题会降低公司的估值，其实只要投资人还没有退场，就代表着被调查出来的问题是可以接受的。如果发现公司在尽职调查时有弄虚作假的行为，很多投资人会选择直接退场。

第四，完成公司估值。

在做完尽职调查之后，投资人对公司有了充分的了解，至少在书面上形成了可以量化的判断标准。此时，投融资双方就可以对公司价值进行评估了。

至于公司如何完成估值，会在后面的章节会详细讲述，这里只提醒一点，无论是投资人自己完成估值，还是聘请专业机构对公司进行估值，都要尽量估算公司现值，尽量争取在书面上形成较高的估值。一般情况下，较之于最开始的估值，投融资双方协定的公司价值往往会有不同程度的溢价。

第五，商定投资条款，达成股权投资协议。

当一切前期工作都做完之后，投融资双方终于进入了最后的谈判阶段，谈判的内容就是商定投资条款，达成股权投资协议。一个完整的股权投资协议，所涉及的条款主要有交易结构条款、先决条件条款、陈述与保证条款、公司治理条款、出售权条款、估值调整条款、清算优先权条款和反稀释条款等。

第六，签署协议并完成交割。

在商定完投资协议中的各个条款之后，投融资双方就可以正式签署股权投资协议了。作为约束投融资双方的核心法律文件，股权投资协议主要包括《增资协议》《股权转让协议》《公司章程修正案》以及其他股东间的协议。

不同于前面提到的《投资意向书》，这些股权融资相关的法律文书一旦签订，就会具有法律效力。任何一方出现违约行为，要承担相应的责任。

签署完股权投资协议后，股权融资活动就基本宣告完成了。但对于融资公司来说，只有真正收到投资方的投资款，整个股权融资过程才算成功。为此，双方还需要进行交割，投融资双方需要根据此前协议中的股权交割

股权融资六步

图解页 **45** 从寻找投资人，到签署协议，再到最终完成交割，公司需要经历多个流程的"考验"，才能获得投资人的资金。

1 寻找最合适的投资人：合格的投资人不仅可以在资金上支持融资公司，还可能提供一些附加价值，全方位助力公司的发展。

2 初步商定投资框架：框架式的协议是后续接触的基础，协议中应该包括股权份额、增资和减资的条件，公司事务决定权等。

3 尽职调查：对融资公司股权结构、人员构成、财务状况等情况进行详细调查研究，对公司来说，也是一个自我检测的好机会。

4 完成公司估值是在科学判定和投融资双方博弈中达成一致的。

5 商定投资条款，达成股权投资协议。将第二步的初步商定投资框架条文化，并根据具体的条文进行谈判。

6 签署协议并完成交割作为约束投融资双方的核心法律文件，股权投资协议主要包括《增资协议》《股权转让协议》《公司章程修正案》以及其他股东间的协议。

安排，完成这一流程。股权交割完成后，融资公司才能真正获得融资资金。

第四节　股权融资协议中的条款解析

在这一节，简单介绍在股权融资中一些重要的条款，并对其进行解读，以帮助读者更好地理解投资协议。

1. 交易结构条款

交易结构条款是协议中最基本的条款，主要是投融资双方达成交易的具体方式，除此之外，还有股权的价格、数量和付款方式、登记方式等。

在具体实践中，较为常见的有投资人认购融资公司新增注册资本以及受让融资公司股东持有股权两种投资。这两种方式可以单独使用，也可以组合使用。

通俗来讲，交易结构条款就是一个简易的买卖合同，谁向谁买什么，买多少，需要多少钱，怎么支付，在哪儿交易等细节都要写明白。

2. 先决条件条款

这一条款主要是为了达到某个当前未达到的目标来设定的，也就是说，在签约的时候不具备这个条件，但这个条件是投资协议生效或部分生效的前提条件。

例如，融资公司在取得××资质之后，则投资方追加投资××元，以该部分追加换取××。在这里，融资公司取得××资质是一种先决条件，是投资方追加投资的前提。

通俗地讲，就是A想要B怎么做，A先要怎么做，这里的A既可以是投资方，也可以是融资公司。当然，并不是所有的投资协议中都有这一条款，主要看双方是否存在与股权融资相关的仍未解决的问题。

3. 保证条款

公司运营具有一定的风险，为了防止这种风险不会被人为制造出来，投资人一般会要求创业者在公司运营上做一些保证，例如，×个月内不进行股权转让，×个月内部进行利润分配等。

通俗来说，保证条款就是融资公司的所有者向投资人保证不会做损害投资人利益的事情，但在具体的公司运营中，该条款即便签约，公司可以根据后续的具体情况，向投资人提请变更条款或签署谅解协议等。

4. 公司治理条款

公司治理条款简单来说就是融资后的公司由谁来管，怎么管。这一条款具有双向约束作用，投资方需要以此来约束融资公司行为，融资公司则需要借此来防止投资方攫取公司控制权。这一条款中常包含的内容有一票否决权、优先分红权、限制关联交易及知情权等。

公司治理条款可以简单理解为董事会投票条款。因为这个条款决定着各方在投票中的比重，所以拟定这个条款时一定要慎重，尤其是当投资方想拥有对某些事项的一票否决权时，一定要慎重。

5. 反稀释条款

这一条款是投资方为了防止后续融资稀释自身股权而设立的，在具体内容上，主要包括优先认购权和最低价条款。

优先认购权是指当融资公司以增加注册资本的方式引入新投资者时，原来的投资者可以选择以其持股比例，按照同等条件来认购相应份额的新增股权，从而保障自己手中的股权不被稀释；而最低价条款是指在公司上市前，融资公司不管以何种方式引入新投资者，都要保证新投资者的投资价格不低于此次投资价格。

通俗来说，这是投资人为自己设立的一条保护条款，在拟定这条保护条款时，投融资双方往往会陷入博弈当中，因为公司价值总是在不断变化，双方很可能会出现"投亏了"和"卖亏了"的情况。这一条款主要是投资人避免出现"投亏了"的情况，而融资公司避免"卖亏了"的情况。

因此，如果这一条款涉及公司未来发展的控制权或公司的核心利益，融资公司一定要谨慎考虑，不能为了融资而盲目接受投资方的条款，以免在后续发展过程中，被投资方左右。

6. 出售权条款

出售条款就是将公司股权以什么样的形式出售给谁。对于这一条款的

股权融资中的反稀释条款

图解页 **46** | 投融资双方围绕反稀释条款的博弈，很少会以一个折中的、双方都能接受的条件结束，总有一方会觉得自己"吃亏了"。

投资人清楚所投公司在未来发展所面临的困难和风险，因此在确定投资的同时，会采取一些必要的风险控制机制。反稀释条款既能把投资人从估值陷阱中拯救出来，又可以让公司顺利进行折价融资。

投资人

作为 A 轮的投资人，在 B 轮及以后引入新的投资人时，必须要保证在 A 轮投资所占的股权份额不会被稀释。为此，需要引入反稀释条款。

融资公司

从公司发展的角度讲，将来必然会面临多轮融资，如果签订了反稀释条款，将来在引入资本的时候，被稀释的可能只是原始股东中的股权，可能面临失去对公司的控制风险。

◎ 解析：融资中的反稀释条款对融资公司无疑是不利的，因此这个条款是否签订，怎么签订，体现的都是融资公司在面对投资人时的议价能力。

内容，在此后章节会着重讲述。

7. 估值调整条款

这是投融资双方的一种对赌条款，在这一条款中，投资方往往会让融资公司做出相应承诺。在一定时期内，如果达不到承诺，融资公司就会付出一定的"代价"。也就是赢了的拿钱，输了的掏钱，收益不低，代价也不小。

一般来说，投资方所要求的承诺主要是为了实现经营指标，或是实现成功上市。当融资公司达到一致目标时，投资方会拿出自己的一部分利益给融资公司，看上去是投资方的利益受损，但实际上，公司经营目标的达成或成功上市为投资方带来的利益要远高于此。当融资公司达到一定目标后，投融资双方其实都是赢家。

反之，如果融资公司没有在规定时间内达到一定目标，融资公司就要出让自己的利益给投资方。具体出让多少利益，还需要双方具体商讨。

8. 清算优先权条款

这一条款是为了在融资公司破产清算时，保障投资方利益而确立的，投资方可以通过这一条款来降低融资公司破产给自己带来的损失。

● 第五节　股权估值上的博弈

投资公司对融资公司的股权价值有一种"上公交车"心态——未投资前希望将公司估值尽量压低，投资之后希望公司估值能尽快抬升。而融资公司只有一种想法，就是希望公司估值尽量得高。因此，在确定好以股权换资本的融资形式之后，双方就要对股值进行博弈了。

股权估值是指计量股票或股权的内在价值。股权估值的方法按照不同的分类标准，有很多种。下面介绍几种常见的股权估值方法。

1. 收益法估值

收益法是指将公司未来预期收益转换为现值的一种方法，包括自由现金流折现法、股权折现法等。一般来说，收益法估值的操作步骤如下。

（1）分析公司历史财报，目的是了解公司各项收入、费用、资产和负债的构成状况，判断影响公司历史收益的各类因素，同时对公司历史财务报表进行必要的调整。

（2）预测未来收益，可根据公司的特征并结合市场环境、宏观政策、行业周期以及同类公司进入稳定期所需的时间等信息来判断。

（3）确定折现率，可综合考虑估值阶段的利率水平、市场投资收益率、公司自身及行业所面临的各类风险等信息进行折现。

（4）计算公司经营性资产、负债价值经营性资产及负债价值，其之和等于预测期收益现值与永续期收益现值之和。

（5）评估非经营性资产、非经营性负债和溢余资产。在评估模型测算出被评估公司的经营性资产及负债价值后，加上单独评估的非经营性资产、非经营性负债和溢余资产的价值，最后得出的就是股东的全部权益价值或公司的整体价值。

（6）在得出公司整体价值后，减去公司负债价值，最后得到的就是公司的股权价值。在该结果的基础上，将股东持股情况和流动性折扣等因素考虑在内，就可以得出公司的公允价值。

2. 市场法估值

市场法是利用市场上现有的相同或类似公司以及一些与公司当前资产负债相关的市场信息进行估值的一种方法。市场乘数法、最近融资价格法和行业指标法都是这一类型比较常用的方法。

现以市场乘数法为例，介绍这种方法操作步骤。

（1）选取同类公司或交易案例。在选择同类公司时，评估人员会考虑其业务性质及构成、公司规模以及公司所处的经营阶段和当前的盈利水平等因素。而在选择交易案例时，评估人员则会选择和融资公司属于同一行业，或受到同一经济因素影响的交易，交易发生的时间一般也与估值时间接近。

（2）对所选公司的业务和财务状况进行分析，随后再将结果与融资公司的具体情况进行比较。

（3）从市盈率、市净率以及公司价值倍数等价值比率中选择合适的

股权估值上的博弈

投融资双方围绕股权估值的博弈，明显比针对某个条款的博弈更为激烈。不管结果如何，总有一方会觉得自己"吃亏了"。

达成投融资意向

投资人

• 持有资本，需要投资

创业者

• 持有股份，渴望融资

投融资双方博弈

投资人

• 尽量压低估值
• 获得较多的股权
• 给投资人较多的限制

创业者

• 尽量抬高估值
• 出让较少的股权
• 尽量避免限制性条款

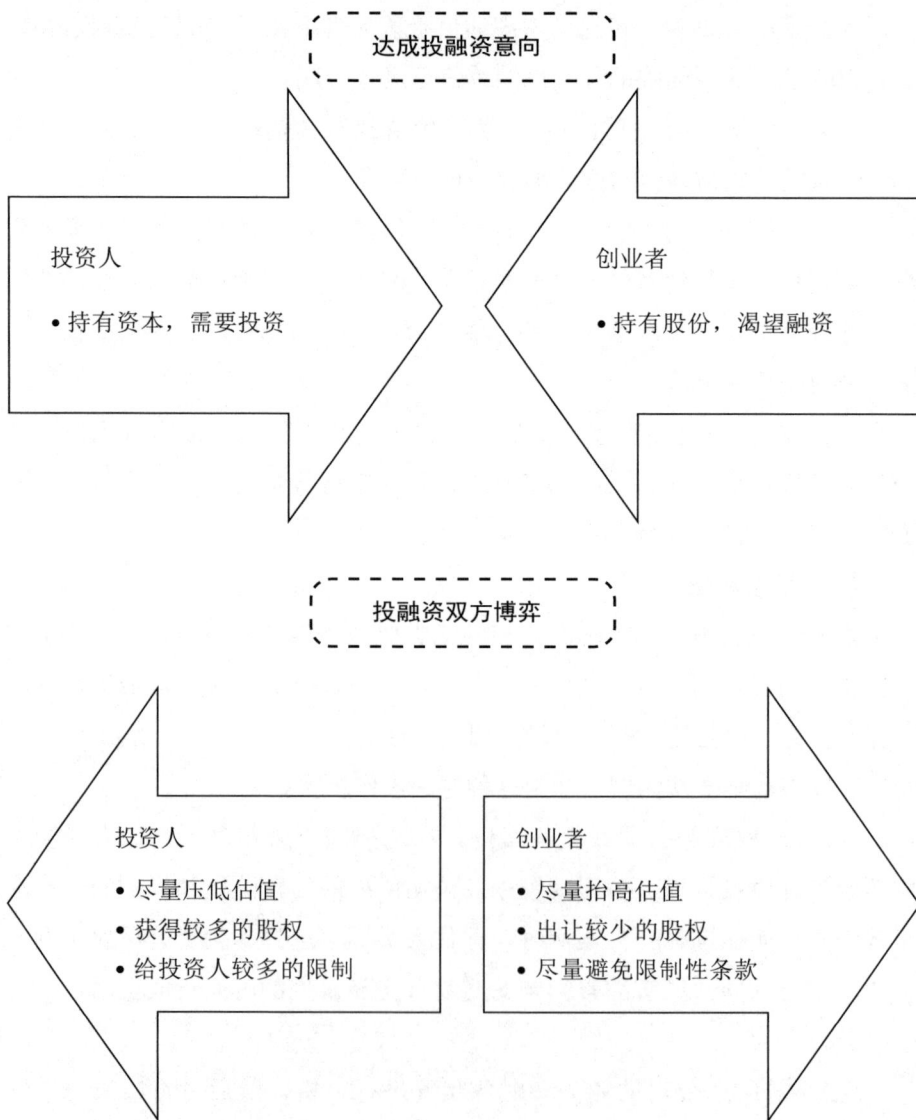

◎ 解析：投资人和创业者在投融资问题上达成一致意见之后，紧接着就要面对各种各样的博弈，其中最重要的就是对股价的估值。

乘数，然后计算出数值，再根据所得结果对价值比率进行必要的调整。

（4）将价值乘数运用到融资公司所对应的财务数据中，可以得到公司价值。在此基础上，需要扣除相应的公司负债。在没有其他非运营资产的情况下，最终得到的就是公司的股权价值。

（5）在公司股权价值的基础上，将股东持股情况和流动性折扣等因素考虑在内，就可以得公司的股权公允价值。

3. 成本法估值

成本法是以融资公司估值时的资产负债表作为基础，估算表内及表外各项资产和负债价值，最终确定估值对象的价值。这类方法用得较多的是重置成本法。

重置成本法是在当下条件下重新购置或建造一个全新的被评估资产所需的全部成本，减去融资公司实际已经发生的实用性贬值、功能性贬值和经济性贬值，并将得到的结果作为融资公司估值的一种方法。

在具体应用中，评估人员需要对融资公司的实用性、功能性和经济性贬值做出相应判断，具体操作步骤如下。

（1）获取融资公司的最新资产负债表。

（2）确定需要重新评估的表内资产与负债。

（3）确定表外资产、表外的负债。如果融资公司还存在各种经济纠纷等情况，评估人员需要评估其对融资公司经营风险的影响。

（4）根据重新评估的资产负债数据，计算公司股权估值。在计算好公司股权估值的基础上，将股东持股情况和流动性折扣等因素考虑在内，就可以得出非上市公司的股权公允价值了。

除了上面提到的一些估值方法外，还有很多其他方法。当然，在具体评估测算中，需要综合考虑各方面因素，这样才能保障评估结果更接近实际。

一般来说，选择用何种方法进行估值，主动权掌握在投资公司一方。如果融资公司能够实现对这些方法有所了解，便于在与投资公司的博弈时，争取更多的权益。

第十一章 股权转让

● 第一节 股权转让的"能"与"不能"

股权转让指的是公司股东依法将自己的股份让渡给别人，使他人成为公司股东的一种民事法律行为。

与股份有限公司相比，有限责任公司的股权转让并没有那么自由，《公司法》对有限责任公司股东的股权转让做出了较为严格的限制。

《中华人民共和国公司法》第七十一条

有限责任公司的股东之间可以相互转让其全部或者部分股权。

股东向股东以外的人转让股权，应当经其他股东过半数同意。股东应就其股权转让事项书面通知其他股东征求同意，其他股东自接到书面通知之日起满三十日未答复的，视为同意转让。其他股东半数以上不同意转让的，不同意的股东应当购买该转让的股权；不购买的，视为同意转让。

经股东同意转让的股权，在同等条件下，其他股东有优先购买权。两个以上股东主张行使优先购买权的，协商确定各自的购买比例；协商不成的，按照转让时各自的出资比例行使优先购买权。

公司章程对股权转让另有规定的，从其规定。

　　股权转让可以分为对内转让和对外转让两种，但不管是哪种转让，都是不能随便转让的。对内转让是向公司的其他股东转让股权，《公司法》对这种股权转让并没有做过多限制，但在转让过程中也要经历签订合同、修改章程、变更手续等流程；对外转让是向公司股东之外的人转让股权，《公司法》对这种转让具有较为严格的限制。

　　股权对内转让通常有三种情形，第一种是股东之间可以自由转让股权，转让多少都不需要股东会的同意；第二种是公司章程中对股东之间转让股权附加了一些条件，此时股东之间自由转让股权就必须满足这些附加条件；第三种是公司章程规定了股东之间转让股权必须要经过股东会的同意，此时股东之间不能自行决定转让股权事宜。

　　股权对外转让的限制条件主要分为有法定限制条件和约定限制条件两类，法定限制条件就是从法律层面上对股权对外转让的限制，即股东向公司外第三人转让股权，必须符合法律规定方可生效；约定限制条件是在法律条件之外，有公司股东自行设定的限制，比如，公司可以通过章程或合同对股权对外转让做出具体限制。

　　上面提到的这些都是股权转让的实质要件，决定着股权转让的"能"与"不能"，在这些实质要件之外，股权转让还需要满足一些形式要件，才能确保股权转让合规有效。股权转让的形式要件主要是指与股权转让相关的流程要合理、手续要健全，对此，《公司法》也有明确的规定。

　　事实上，同时满足实质要件和形式要件的要求后，公司便可以进行股

《中华人民共和国公司法》第七十三条

　　依照本法第七十一条、第七十二条转让股权后，公司应当注销原股东的出资证明书，向新股东签发出资证明书，并相应修改公司章程和股东名册中有关股东及其出资额的记载。对公司章程的该项修改不需再由股东会表决。

权转让，否则会产生一些不必要的风险。此外，我国国有控股公司的股权转让不能使国有控股丧失必须控股和相对控股地位。如果根据公司情况确实需要非国有控股，则必须报国家有关部门审批才行。

● 第二节　股权转让的主要形式

《公司法》规定，股份有限公司的股东在转让其股权时，应当在依法设立的证券交易场所进行，或者可以按照国务院规定的其他方式进行。

其中，记名股票由股东以背书方式或法律、行政法规规定的其他方式转让；而无记名股票则由股东将该股票交付给受让人后便发生转让效力。

相比股份有限公司，有限责任公司的股权转让形式更为多样，其可分为内部转让与外部转让、全部转让与部分转让、普通转让与特殊转让、约定转让与法定转让等形式。

1. 内部转让与外部转让

内部转让与外部转让主要是根据受让人的不同所做的分类，内部转让如前所述，指的是公司股东之间的股权转让，操作起来相对简单容易；外部转让则是指部分股东将股份全部或部分转让给公司股东之外的第三人，这种转让受到的限制条件比较多，既要满足法律的相关规定，也要满足公司章程的规定。

2. 全部转让与部分转让

全部转让与部分转让主要是根据标的在转让中是否分割所做的分类，也就是说，股东在转让股权时，是否对自身股权进行了分割。

部分转让指的是股东在转让股权时，只对一部分股权做出了转让。此外，股东将自己的股权全部转让给两个或两个以上主体，这种转让也是部分转让。全部转让就是指所有股权的转让。

3. 普通转让与特殊转让

普通转让与特殊转让主要是根据《公司法》中有无明确规定所做的分类，其中，普通转让主要是指《公司法》规定的有偿转让，即股权的买卖；

股权转让的主要形式

图解页 **48** 　　股权转让形式虽然多样，但在具体的股权转让实践中，可采用的股权转让方式是相对固定的。

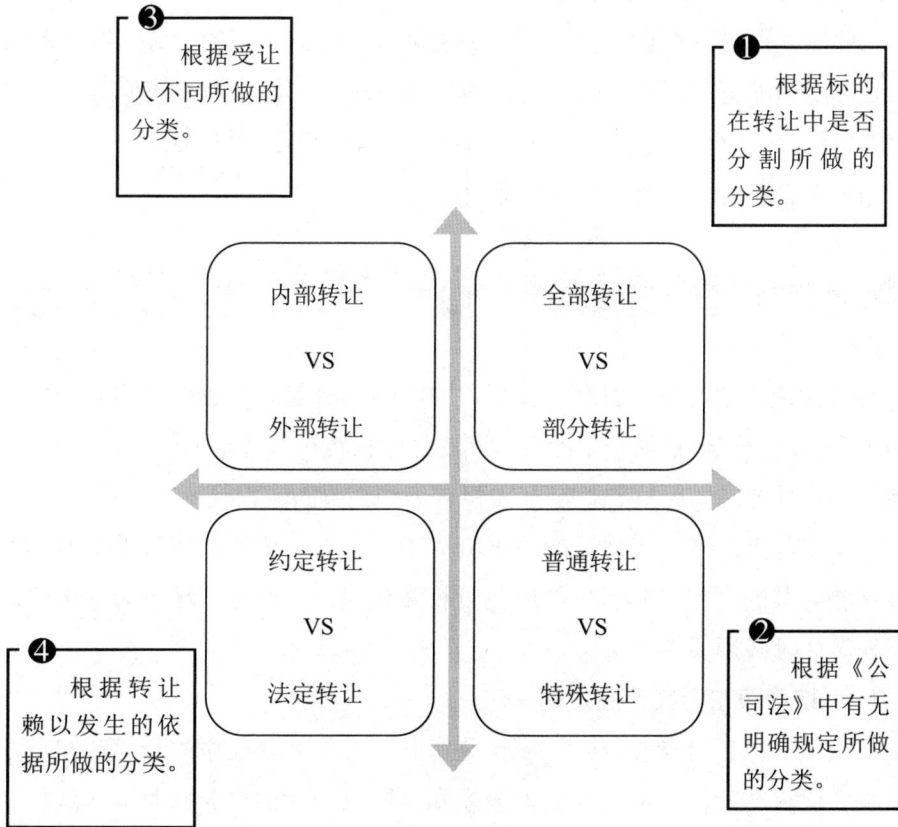

❸ 根据受让人不同所做的分类。

❶ 根据标的在转让中是否分割所做的分类。

内部转让 VS 外部转让

全部转让 VS 部分转让

约定转让 VS 法定转让

普通转让 VS 特殊转让

❹ 根据转让赖以发生的依据所做的分类。

❷ 根据《公司法》中有无明确规定所做的分类。

　　◯ 解析：有限责任公司的股权转让方式是多样的，根据不同的分类方式，有不同的转让方法。这些转让方法有的操作简单，有的风险较低，有的需要特定条件，有的会有限制。股权转让双方需要根据具体情况来约定合适的转让方式。

而特殊转让是指《公司法》没有规定的转让，像股权的出质以及因离婚、继承和执行所引发的股权转让。

4. 约定转让与法定转让

约定转让与法定转让主要是根据转让所赖以发生的依据所做的分类，其中，约定转让是基于当事人合意发生的股权转让，比如，正常的股权出让；而法定转让是依法发生的股权转让，比如，股份的继承。

除了上面这几种股权转让形式分类之外，依照不同的划分标准，股权转让还有一些其他分类，比如，在有限责任公司，股东想要收回其所持股权的价值，只能转让自己的股份，而不能退股。这也是股权转让的一种形式，因为没有普遍使用，所以很少被提及。

● 第三节　股权转让的基本流程

股权转让涉及公司股东的变更，同时也会引起公司股权结构的变化。为了避免因股权转让而产生的各种纠纷，股权转让双方都应做好充分准备，无论是何种形式的股权转让，都需要有一些必要的流程规范。

总结起来，在股权转让的基本流程中，有五个环节是非常重要的，做好这些环节的工作，才有可能避免股权转让纠纷。这五个环节的工作也是股权转让时必须要做的工作。

1. 取得股东会其他股东的认可

股东在转让自身股权时，应该获得股东会中其他股东的认可和同意，至少在股权转让前，应该让其他股东知道股权转让的对象以及具体数量，这样股东会才能做出相应的决定。

在这个环节中，股权转让人将股权转让意向告知各股东后，公司应该召开股东会议，对此次股权转让的可行性进行研究，同时对此次股权转让对公司发展的影响做出评估。如果股东会同意了某个股东的股权转让申请，接下来就要严格按照《公司法》规定，完成股权转让其他流程的工作。

股权转让的基本流程

图解页 **49** | 　　在股权转让实践中，股权转让双方需要经过一些基本的操作，才能完成整个股权转让流程。

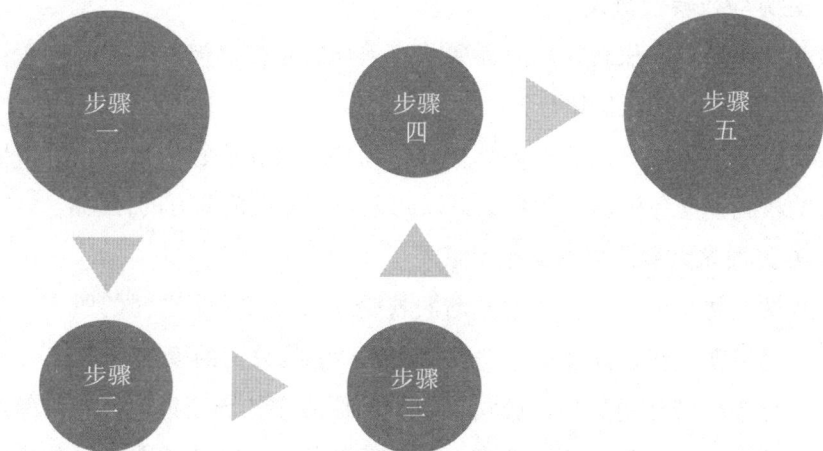

- 步骤一：取得股东会的其他股东认可

- 步骤二：股权转让双方协商谈判

- 步骤三：签订股权转让协议

- 步骤四：召开股东人会，办理交割手续

- 步骤五：取得完税证明，办理变更登记

　　◎ 解析：由于股权转让过程中的事项很繁杂，一些公司会忽视工商变更登记手续的办理。这会为股权转让带来巨大的潜在风险。

2. 股权转让双方协商谈判

在获得股东会其他股东认可后，股权转让双方便会进行协商谈判环节。在这一环节中，股权转让双方应当先聘请一些专业人员完成尽职调查。在此基础上，股权转让双方便可以进行初步协商谈判，以确定股权转让的附加条件或付款期限等问题。

3. 签订股权转让协议

谈判结束后，股权转让双方需要从有关部门获得已被批准的股权转让申请，并签订股权转让协议。

股权转让双方签订的股权转让协议，需要对转让股权的数额、价格以及双方的权利和义务做出具体规定，以此来约束和规范双方的行为。

4. 召开股东大会，办理交割手续

股权转让协议的签订并不意味着股权受让人已经成了公司的股东，只有在股东名册变更和工商登记后，受让人才能成为公司的股东。

在签订股权转让协议后，公司需要收回原股东的出资证明，发给新股东出资证明，同时注销原股东名册，将新股东的姓名或工作单位、住所地址及受让的出资额等信息记载在公司股东名册上，并对公司章程进行修改。

5. 取得完税证明，办理变更登记

在股东会形成决议后，负有纳税义务的转让方或有代扣代缴义务的受让方，应该到税务机关办理纳税申报个人所得税，在取得完税证明后，公司才能到工商行政管理部门办理股权变更登记手续。

只有完成这一系列流程，股权转让才算真正结束。值得注意的是，如果转让的股权属于国有公司或国有独资有限公司，还需要增加立项、评估环节，即需要到国有资产办进行立项确认后，再到资产评估事务所进行评估。

● 第四节 股权转让过程中的常见问题

除了前面提到的一些基本问题，股权转让过程中还会出现一些常见问

题。如果能搞清楚这些问题，有利于避免股权转让风险。下面主要介绍一些具体问题以及合理的应对方法。

1. 股权转让中的"股权"都是一样的吗

一般来说，股东所拥有的股权在性质上都是相同的，但公司章程中有特殊规定的情况除外，需要视具体情况而定，比如，公司章程规定，某股东拥有股权与决策权，而当这个股东进行股权转让时，其可转让的"股权"就需要视情况而定了。

此外，股票有优先股和普通股，优先股会优先分配股息，但不能上市流通，也不能参与决策，这也可以看作是在股权上的不同。

2. 股权的各项权利能否分别转让

这是不可以的。股权是股东基于股东身份而享有的一种综合性权利。股权的转让就是股东身份的转让，任何一项股东权利的行使都需要依赖于主体的股东身份。因为同一股权只有一个股东主体，所以股东的各项权利是不能分别转让的。

3. 公司章程可以限制股东进行股权转让吗

股份有限公司的章程是不能对股权转让做出限制性规定的，但有限责任公司的章程是可以限制股权转让的。

需要注意的是，有限责任公司利用公司章程限制股权转让，也并非随意限制。一般来说，像是绝对禁止股权转让的条款，即使被写入公司章程中，也是无效的；而一些对受让对象的约定，比如，规定股权只能转让给公司或者股东的，一般都是有效的。

4. 出资未实际到位的股东可以进行股权转让吗

这是可以的。虽然出资还未实际到位，但这个股东拥有股权资格，他可以将自己的股权进行转让。

但需要注意的是，这个股东虽然可以转让自己手中的股权，但其所负有的出资义务并不会随着股权的转让而消失，也就是说他还是要将未到位的出资额补齐。如果这个股东与股权受让人约定，剩下的出资额由受让人补齐，则可以按照约定来办。

5. 股权转让的价格是否一定要与相应的出资额保持一致

这可不一定。随着公司的发展，股东手中的股权价值与出资额已不再等价。当公司的经营状况好时，股东手中的股权价值可能会大于出资额；当公司的经营状况差时，股东手中的股权价值便可能会小于出资额；如果公司经营状况极差，也不排除股东手中的股权变为负资产的可能。

股权转让价格的确定不能损害国家、公司和其他股东的合法权益，股权转让双方可以将相应的出资额作为股权转让价格，也可以协商确定其他价格作为股权转让价格。

在签订股权转让协议时，股权转让双方应该对公司的资产状况进行评估，从而确定转让一方手中股权的合理价格。当转让双方签订股权转让协议后，如果没有正当理由，任何一方都不能以股权价格过高或过低而反悔。

6. 股权转让后，股权转让一方能否请求获得其持股期间的公司分红

对这个问题，需要具体情况具体分析。如果在股权转让之后，公司股东会已经表决通过了股利分配方案，因为分红权是依附于股权的存在，所以股权转让一方是无权请求获得该分红的；如果公司股东会在股权转让前已通过了股利分配方案，只是还没落实时，股权出让方将股权转让给了他人，此时他便可以通过债权请求权（独立于股权的一种权利），来请求获得分红。

当然，如果股权转让双方在股权转让协议中，对原持股期间公司的盈利分红进行了特别约定，应该按照这一约定来执行。

7. 股权转让都需要缴纳哪些税款

个人股东在进行股权转让时，需要缴纳 20% 的个人所得税以及 5‰的印花税；法人股东在股权转让时，需要缴纳 25% 的公司所得税以及 5‰的印花税。

如果在股权转让过程中不缴纳必要的税款，就无法到工商行政管理部门去办理股权变更登记。

8. 股权转让协议应该包括哪些方面的内容

股权协议一般应包括以下几方面内容。

股权转让协议的内容

图解页 **50** 股权转让协议是以股权为标的的特殊合同，主要内容既包括一般合同生效的要件，也包括股权转让成立的各个要件。

知情条款、优先权条款、转让标的条款、价格的确定方式、风险转移与追偿、违约责任，这些都是股权转让协议的核心条款，在股权转让协议中必须明确予以体现。

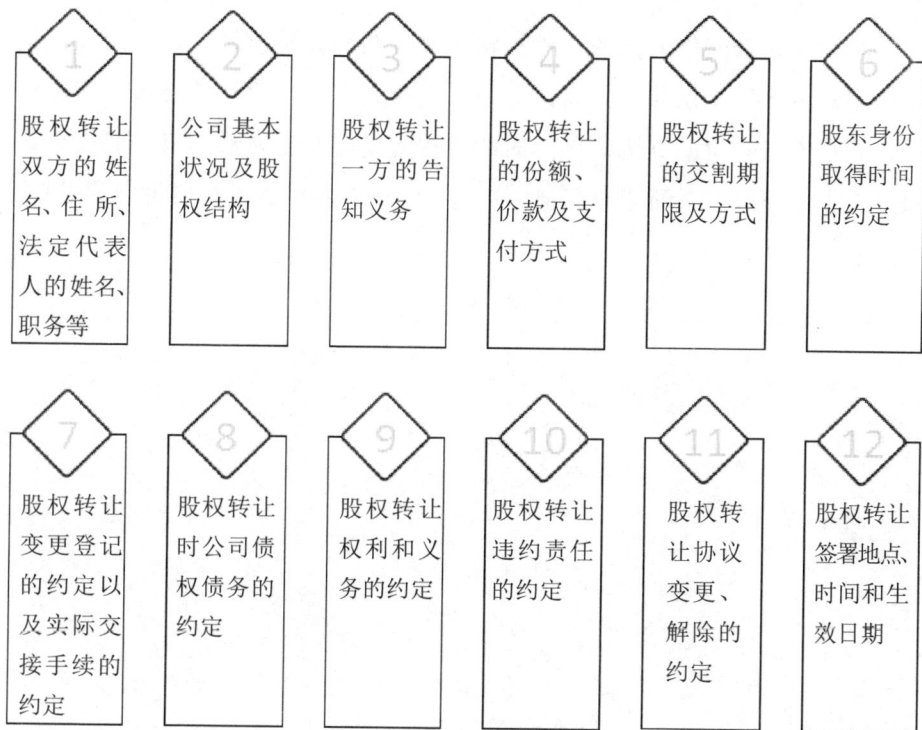

1 股权转让双方的姓名、住所、法定代表人的姓名、职务等

2 公司基本状况及股权结构

3 股权转让一方的告知义务

4 股权转让的份额、价款及支付方式

5 股权转让的交割期限及方式

6 股东身份取得时间的约定

7 股权转让变更登记的约定以及实际交接手续的约定

8 股权转让时公司债权债务的约定

9 股权转让权利和义务的约定

10 股权转让违约责任的约定

11 股权转让协议变更、解除的约定

12 股权转让签署地点、时间和生效日期

○ 解析：股权转让协议生效，并不意味着股权转让的结束，在办理工商变更登记手续后，股权转让才算完成。

9. 股权转让协议是否一定要约定股权转让价格

这并不需要。股权转让并不一定都要通过交易的方式来完成，即使以交易方式进行股权转让，股权转让双方也可以约定以补充协议方式确定股权转让价格，而不一定非要在股权转让协议中加以约定。

在交易之外，赠与也是一种股权转让的方式，通过赠与形式进行股权转让，也要按照固定流程，办理相关变更登记。与以交易方式完成的股权转让相比，以赠与方式完成的股权转让并没有那么牢固。

10. 股权转让合同从何时开始生效

股权转让合同自双方签订后便开始生效，但股权转让合同的生效并不等同于股权转让已经完成。

股权转让合同生效指的是股权转让双方在签订股权转让合同后，合同立即对双方产生了法律约束力，即股权出让人有转让股权的义务，而股权受让人有支付对价的义务。但此时的股权还没有发生转移，只有股权转让双方按照流程办理工商变更登记后，股权受让人才能真正行使手中的股权。

5

股权管理中的风险管理

第十二章 股权设计中的风险与避险

● 第一节 股权架构设计中常见的风险

正确的股权架构设计会为公司打下了牢固的基础，相反，股权架构设计失误的公司像是一座地基不稳的大厦，建得越高，倒塌的风险越大。那么，股权架构设计的风险有哪些呢？

1. 股权分配比例失误

两人或多人联合，这是初创公司最常见的形式。在创业阶段，联合创始人平均分配股份，似乎是一种理所应当的选择，但这恰恰是股权设计最大的问题。

在两人联合中，均等分配股权就意味着公司没有主导者，当两人发生意见分歧时，没有科学的解决方法，只能看谁能说服对方，这样的公司几乎不可能有较长远的发展。

在三人或多人联合中，均等分配股权也会遇到类似的问题。

广东省一家专业的照明电器生产厂家，在创业初期，曾因股权分配比例失误，引发了不少问题。在成立之初，这家公司的创始人出资45万元，占股45%，另外两个联合创始人各出27.5万元，各占股27.5%。

在这种股权架构中，创始人虽然是第一大股东，对公司的一般事务具有决策权，但因为股权没有达到51%，所以没办法获得公司的相对控股权。也就是说，只要三个联合创始人中任意两方结成同盟，另一方就会被剥夺话语权。

在公司积累了一定资金后，创始人希望能够将这笔资金继续投入生产中，扩大公司生产规模，而另外两个联合创始人则认为这笔钱应该用来给大家分红。根据此前划分的股权，另外两个联合创始人的股权之和要大于创始人手中的股权，所以这笔钱只能用来分红，即使用它来扩大生产会让公司发展得更快，创始人也没有决定权。

创始人为了缓和三人间的分歧，以重新划分股权换得了将资金投入公司生产中的决定。在重新划分股权比例后，创始人的股权比例变成了33.4%，另外两个股东的股权比例变成了33.3%。遗憾的是，均分股权不仅不能缓和股东之间的分歧，还使得创始人失去了两个联合创始人，最终分道扬镳。

除了均等分配股权外，还有几种股权分配比例也可能引发严重的问题。

（1）A方占比65%，B方占比35%。

这种股权分配比例成为博弈型股权比例，也就是说，这样分配比例给公司埋下了股东间相互博弈的隐患。根据《公司法》相关规定，公司的一般事项只要单一股东拥有超过50%的表决权就可以直接决定。但在一些特殊事项决策时，比如，修改公司章程、增减注册资本等，需要拥有超过2/3表决权同意才行。

也就是说，按照博弈型股权比例，大股东拥有65%的股权，可以对公司的一般事项直接做出决策，又因为持股比例没有超过全部股权的2/3，不能直接决定公司的重大决策。这样一来，第二股东就在公司的重大决策上拥有了一票否决权。

随着公司的发展壮大，第二股东手中的一票否决权的作用会越来越大，如果因为个人利益问题随意使用一票否决权，公司的发展可能会受到严重影响。

（2）A方占比95%，B方占比5%

很显然，这种股权分配比例解决了大小股东博弈的问题，却形成了大股东一股独大的问题，在公司的发展中必然会产生"一言堂"式的决议流程。这会弱化小股东对公司日常管理的参与，不利于公司的稳定发展。

（3）A方占比49%，B方占比48%，C方占比3%

这种股权分配比例很尴尬，因为公司前两个的股东被持有3%的小股东"绑架"了。任何一个大股东都没有办法单独对公司的事项做出决策，当大股东进行博弈时，他们都需要获得小股东的支持才行，小股东也因此可以待价而沽，进而严重影响公司决策。

（4）A方占比36%，B方占比19%，C方占比20%，D方占比25%

这种股权分配比例属于多个股东的博弈型股权比例，在遇到重大事项决策时，任意两个股东联合在一起，就能对公司特殊决策行使一票否决权。这种股权分配比例会让股东将更多时间用于博弈，而非公司日常管理，会阻碍公司的长远发展。

无论是股东间的博弈，还是大股东一股独大，都不是合理的股权分配比例。在设计公司股权架构时，应该有目的地规避不合理的股权分配比例。

2. 股权过于分散或集中

因选择不同的股权比例分配必然会导致公司在发展过程中面临不同的问题。为避免因股权比例分配不同而产生的问题，可参考股权的制衡度。

所谓制衡度就是第二大股东的持股比例或第二到第 N 股东持股比例之和与第一大股东持股比例的比值，由此反映出第二到 N 股东对第一大股东的制衡情况。

比如，公司第一大股东的持股比例为 A，第二到 N 股东的持股比例之和为 B，当 A ＞ B 时，说明公司第一大股东占股较大，对公司具有较大的控制权，公司的股权架构属于集中型；当 A ≤ B 时，说明公司第一大股东虽在一定程度上受到其他股东制衡，但并非一股独大，公司的股权架构属于分散型。

如果再继续细分，还可以根据公司各股东的持股比例，将公司的股权结构分为高度集中型股权架构、相对集中型股权架构和高度分散型股权架构、相对分散型股权架构。在这里，着重讲述高度集中型股权架构和高度

股权架构设计的常见风险

图解
页 **51**　股权架构设计出了问题，各股东就会不断博弈，最终会对公司发展造成严重的负面影响。

多头博弈

■ 甲股东　▨ 乙股东　▨ 丙股东　■ 丁股东

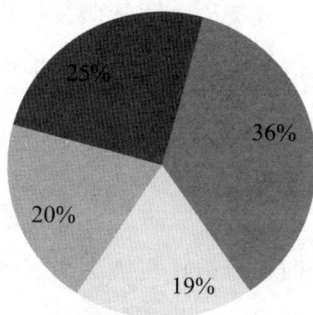

一家独大

■ 大股东　▨ 小股东

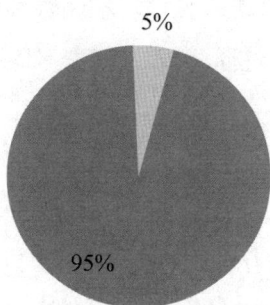

小股东绑架大股东

■ 大股东　▨ 第二股东　▨ 第三股东

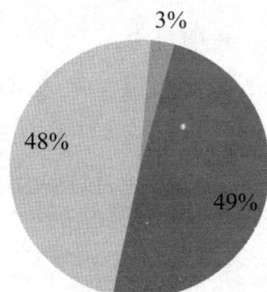

◎ 解析：股份分配表面上是各股东在公司中所占的份额，实质上是各股东对公司的控制权以及对对方权利的制约。因此，在股权架构设计前，控制好股份分配比例，以免在未来发生各种问题而影响公司的发展。

分散型股权架构存在的风险。

高度集中型股权架构主要是指公司第一大股东的持股比例在 50% 以上，尤其是在 67% 以上的架构。在这种情况下，公司第一大股东拥有对公司的绝对控制权，对公司各项事务具有绝对的话语权。

积极的方面是大股东掌握绝对话语权，能提高公司的决策效率，但消极的方面是其他股东话语权较少，在决策过程缺少民主性。而一旦大股东做出了错误决策，其他股东无法对大股东的决策进行限制。

高度分散型股权架构主要是指公司的股东较多，并且各股东所持股份基本均衡，且比例都比较小的结构。积极的方面在于创业期间各持股股东的风险较小，相互之间的制衡有利于防止单一股东"一权独大"。但消极的方面是股权分散可能造成各股东之间沟通成本和决策成本增加。围绕一件简单的公司事务，不同股东持有不同看法，很难落实。

除此之外，股权分散还可能会引发各股东之间的矛盾，降低各股东参与公司事务的积极性。更为重要的是，过于分散的股权架构，一旦出现控制权危机，很容易让创始团队失去公司的控制权。

新浪在成立之初便出现股权分散的问题，这为后续发展带来了不少隐患和麻烦。在刚成立时，四通利方拥有 60% 的新浪股权，华渊咨询则拥有剩下 40% 的新浪股权，但此后，四通利方又为新浪引入了三家风险投资公司，这便为新浪带来了股权分散的问题。

当时，新浪董事会和管理层所控制的新浪股份不到 10%，在这种情况下，管理层做出的每一个决策，都需要得到股东的授权。股权的分散极大降低了新浪的决策效率，致使新浪错过了许多互联网行业的机会与风口。

在股权架构设计时容易出现的上述问题，除此之外，还要注意以下几个细节。

细节一：股权比例缺少契约文件。

中国人在做生意的初期喜欢口头约定，甚至股权占比也是口头约定。在公司还未获得成功时，联合创始人之间的利益关系还比较单纯，当公司发展越来越好时，会因为利益而产生矛盾，此时缺少契约文件的弊端就开始显现了。

因为口头协议没有文字留底，很容易出现互相不认账、翻旧账、算小账，到最后走上了打官司的道路，甚至会直接让公司由此垮掉。

细节二：非资本股权占比过大。

很多公司在创业初期，往往要依托某些特定资源，例如，某项关键的发明创造，某处特别的土地、矿产资源等，而这些资源在股权设计时必然会以某种折算率换算成股比。

但问题在于，公司是会不断发展壮大的，当公司发展到已经超出了原计划的范畴之外，这些资源所起的作用降低，但资源持股人所占的股比是不变的，这无疑给公司的发展埋下了隐患。

细节三：缺少控制权保护设计。

一些公司因为联合创始人较多，所以股权架构设计会比较松散，这样在引入投资人后，公司联合创始人的股权就会稀释。如果创业者不在股权架构设计中加入相应的控制权保护内容，很可能会在未来融资时面临丢掉公司控制权的风险。

细节四：缺少加入和退出机制。

有的公司在设计股权架构时，为了保护联合创始人的利益，可能会做出一些特殊约定。这些特殊约定的本意是为了防止"野蛮人"的入侵，但如果设计不好，很容易将善意的投资人拒之门外，从而让公司丧失融资的机会。

在股权架构设计中，必要的加入机制是一定要有的，有利于公司创始人团队筛选联合创始人、投资人。在设计加入机制的同时，创业者需要考虑股东的退出情况，通过构建股权动态调整体系，完善股东的加入和退出机制，从而减少这些问题对公司发展的负面影响。

总而言之，股权架构设计并不是简单地将股权分配到股东手中，而是包括股权比例分配、控制权保护、动态调整管理体系等一系列复杂的工作。因此，进行股权设计时，多学习一些相关知识，想得更长远一些，因为人无远虑必有近忧。

第二节　股权激励中常见的风险

有时候，奖励并不一定会起到正面的效果，反而会起到反作用。作为公司管理奖励的一种，股权激励也存在着这样的问题。

那么，股权激励会产生哪些潜在的负面风险呢？主要有制度风险、市场风险、方案风险和道德风险。下面对上述几种风险进行详细地分析。

1. 制度风险

股权激励的制度风险主要是指公司的股权激励制度不完善，存在各种各样的管理漏洞，与公司的发展目标不匹配，比如，与股权激励挂钩的考评制度、激励后的退出和退出后的竞业限制、管理人股和公司投票权约定等。

其中，最显著的是股权激励无法与真实业绩挂钩，形成员工以权谋私的局面。为了防止这个问题的出现，首先需要了解股权激励的制度建设，在公司没有建立完善的治理机制之前，不要盲目地开展股权激励。

通俗来讲，用股权奖励员工之前，先看看公司有没有完善的考评制度，对奖励后可能出现的状况有何预防措施，从而形成完善且可行的规章制度。

2. 方案风险

方案风险是制度风险的进一步发展，指的是股权激励的设计方案有严重的缺陷，其中比较显著的问题是考核不科学、激励方案无规划、过度激励增加公司负担。

预防出现这类问题的方法就是引入科学的考评方法或外部团队，在内部进行充分的讨论、调研，将员工业绩量化成数字，然后寻找一个合理的方案。

2020 年 3 月 17 日，万科集团披露了 2019 年的业绩报告，营销收入达到 3 678.9 亿元，同比增长 23.6%，依然保持着行业领军者的位置。从成立至今，万科集团的业绩表现始终比较亮眼，但相比于亮眼的业绩，万科集团的股权激励成绩，就没有那么优秀了。

发展至今，万科集团共进行了两次股权激励，第一次是 2006 年到 2008 年的限制性股票激励，第二次是 2011 年到 2015 年的股票期权激励。这两次股权激励的结果都不太圆满，表现出的问题也各有不同。

在第一次股权激励中，万科集团因为 2008 年的业绩不达标，导致激励被迫中止。也就是说，这次股权激励的考核指标定高了。在第二次股权激励中，万科吸收了第一次股权激励的经验，合理确定了考核指标，但依然没有取得理想效果。原来，这一次股权激励因为行权成本高、收益小，不仅没能调动管理层人员的积极性，还导致许多管理层人员离开了公司。

3. 道德风险

道德风险指的是股权激励方案的设计者或激励对象没有承担应尽义务，违反了职业道德，损害公司的利益。比如，激励对象为了自己利益，以短期可见的有效业绩换取股权激励，从而损害了公司的持续发展。

4. 市场风险

市场风险主要针对上市公司来说，指的是在公司股权有市场影响的情况下，股权激励很容易导致市场的波动，进而影响到公司市值，给公司发展增加较大的不确定性。

对以上四种股权激励中的风险，股权激励者犯了以下一个或几个错误：不重视股权激励制度、未对股权激励方案进行科学验算、过于主观地进行公司管理等。

那么，如何合理地控制股权激励中的风险呢？

股权激励风险控制要坚持激励与约束并重、风险与收益对等、不同激励对象利益一致的原则。在实际操作中，要防止激励过度而约束不足以及激励不足而约束过度的情况发生，同时还要确保股权激励计划合理有序地展开。

具体来说，股权激励的风险控制可以从以下几个方面入手。

1. 将股权激励纳入到公司薪酬体系之中

在设计股权激励方案时，可以结合公司的薪酬体系，与公司的发展战

股权激励合规性设计

股权激励合规性设计要做好规范的公司治理结构，完善薪酬制度、用工制度和绩效考核制度四个方面的工作，同时还要坚持增量激励原则，不能无偿量化存量资产，应与公司发展战略保持一致。

此外，股权激励计划还要坚持增量激励原则。

明确激励对象，即股权激励对象应该主要集中在一些核心层的员工，如核心管理层、核心技术层、核心业务层等。

严控激励数量，用以激励的股权数量应该结合公司的股本规模的大小、激励对象的多少、股权激励的水平等因素来确定，最好不要一次性超过公司股本总额的10%。

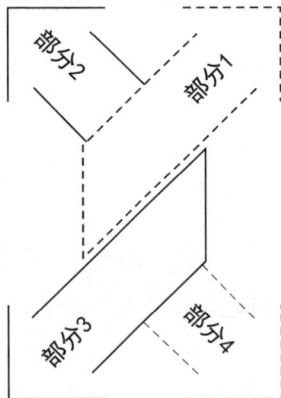

部分2

部分1

部分3

部分4

用好激励方式，根据公司的发展实际和当前市场条件来确定具体的激励方式，不同的股权激励方式在激励成本、激励效果等方面存在较大差异。

多样化绩效考核指标，单纯的业绩或财务指标很容易在短时间被人为操纵，进而引发管理人员的道德风险。为了防止这种情况发生，在确定绩效考核指标时，尽量多样化。

◎ 解析：在多样化绩效指标之外，引入科学的绩效考核方法，也可以有效降低股权激励风险的发生。比如，在制定绩效考核指标时，既要参照公司过去的业绩水平，也要对比当前整个行业的业绩水平等。

略、人力资源管理和财务管理相配套，将股权激励作为一种长期激励，与公司发展相协调。

2. 加强对股权激励执行过程的控制

在股权激励执行过程中，随时根据实际情况，调整公司的绩效考核体系和考核方法，建立以关键绩效指标和平衡记分卡指标体系为核心的绩效考核制度。

只有将股权激励风险控制在其发生之前，股权激励才能够发挥良好的作用，公司才能依托股权激励而形成强大的凝聚力和战斗力，才能在发展的道路上始终保持平稳、积极的状态。

● 第三节　股权融资中常见的风险

股权融资的风险主要表现为控制权稀释风险、融资机会缺失风险和经营风险。其中，最需要关注的是股权融资中的控制权问题。

因为融资而丧失公司控制权，进而创始人被踢出公司管理团队的事情，在资本市场上屡见不鲜。

公司发展越迅速，发展规模越大，对资金的需求也就越高，这就不可避免地要进行多轮股权融资，而每一轮融资都是一次股权是否被稀释的博弈，如果不提前做好准备，为自己的股份设防，很容易丧失对公司的控制权。

那么，创业者如何保障公司的控制权呢？具体而言，可以使用的策略有以下几种。

1. 实行差异股权制度

差异股权制度简单来说就是同时发行（或设置）具有不同权益的股票，当公司后续股权发生变动时，只变动某种股票的权益，或保留某种股票的权益。

某公司的股票由普通 A 类股票、普通 B 类股票和普通 C 类股票构成。在公司章程中，A 类股票不享有投票权；B 类股票每股拥有 1 个投票权，同时可以转化为 A 股；C 类股票每股有 10 个投票权，同时可以转化为 B 股。

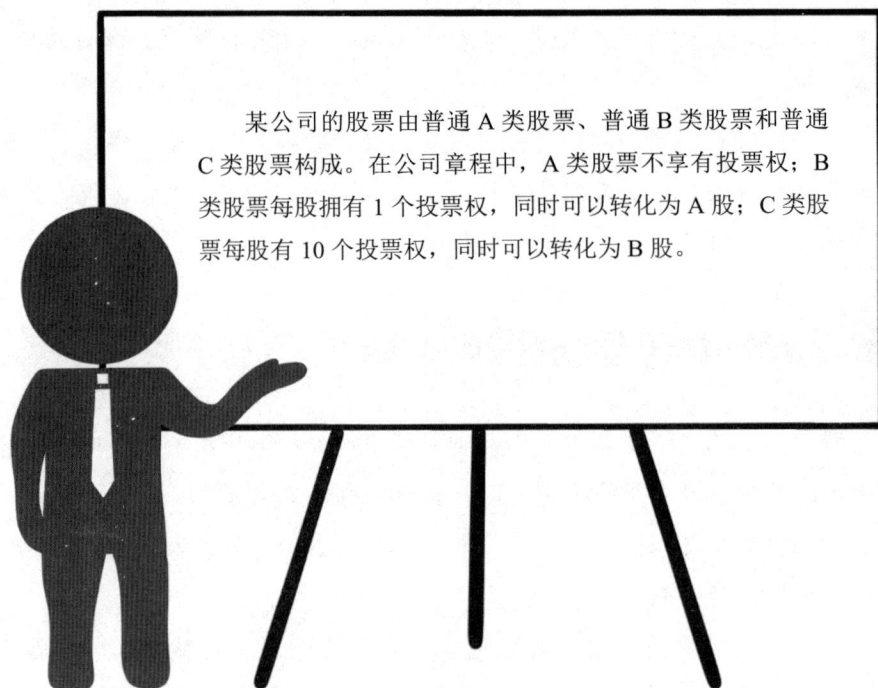

如案例中设计，B 类普通股和 C 类普通股的持有人可作为公司的管理者和决策者存在。而他们的总持股数量还没有 A 类股票多，也不妨碍他们对公司的重大决策。

再如，某公司在融资之前进行股权架构调整，使得公司股份构成为 49% 不可稀释股权和 51% 可稀释股权，那么在后续的融资过程中，持股股东只需要保证继续持有不可稀释股权，并保证 51% 的可稀释股权不会全部被稀释掉，这一样可以拥有掌控公司的相对多数持股。

同股不同权的差异股

图解页 **53** ｜ 相同的股权份额，不同的投票权，这种设置差异股的方式，可以有效避免公司控制权旁落。

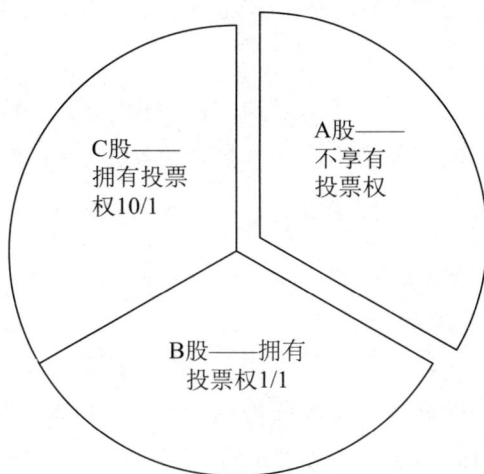

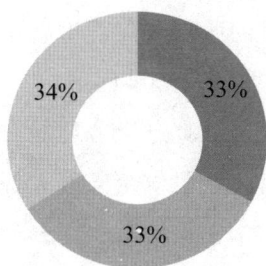

股权份额
■A股 ■B股 ■C股

34%　33%　33%

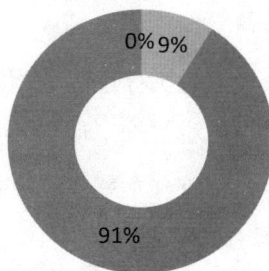

控制权份额
■A股 ■B股 ■C股

0% 9%　91%

○ 解析：通过设置差异股，股权份额等分的结构，控制权仍然可以一家独大。事实上，很多创业公司在融资的时候都会进行类似操作，以免在后期发展过程中丧失对公司的控制权。

2. 控制董事会

《公司法》规定，公司的日常经营活动的决策由董事会做出，很少会出现董事会利用控制权参与公司经营决策的情况。因此，创业者如果能够在公司章程中用一些限制性条款来控制董事会，在后续的经营中不必再担心因股权融资而产生的控制权问题。比如，在公司章程中规定董事的任职条件等。

另外，原始持股股东团队还可以通过在章程中设定董事的辞退条件，以防止投资人非正当地更换董事；或者规定更换董事时每年只能更换一定比例，这样，投资人即使手握足够的股权，也不会轻而易举地获得董事会的控制权。

3. 管理层收购

管理层收购指的是公司原有持股团队（管理团队）利用自有资本或后续融资所得对公司当前非团队持股股份进行购买，由此实现对公司所有权结构、控制权结构和资产结构的改变。

一些初创公司在取得一定发展后，股价大幅度提升，此时，管理团队想要获得对公司的绝对控制权，而早期投资人也乐于出让股份以套现离场，双方可进行沟通，最终管理团队以收回投资人手中股份的方式进行股份再调整。

新浪对管理层股份收购，阿里巴巴对雅虎的股份收购等都属于此类。不过，在具体的执行过程中，管理团队需要注意一些细节问题。

首先，在对管理层股份收购前，管理团队要认真分析公司的发展实际情况，公司是否存在较大的管理效率空间？将公司股份全部或大部收回是否会引发资金风险等。

其次，在进行管理层收购前，创业者需要认真分析自身的实际情况，比如，现有的公司管理层是否足够优秀，管理层在对股份收购后是否能够让公司发展得更好。

总的来说，在股权融资过程中，虽然有控制权旁落的风险，但可规避的方法有很多。除了关注公司控制权问题之外，公司在融资的时候还需要重视一些特别的风险问题，这些风险主要包括：重要商业信息泄露、投资人的反稀释条款和对赌协议。

1. 商业信息泄露

在进行股权融资时，公司管理团队必然要向投资人提供公司的有关信息，这就不可避免地让公司一些内部信息暴露，尤其是一些小型初创公司，其核心资源很可能涉及一些特别的商业模式、知识产权等，而在寻求投资人的时候，他们的议价空间又比较低，这非常不利于公司融资工作。

面对这个问题，公司管理团队可以分步骤地向投资人介绍公司的商业信息，对核心商业信息做到绝对保护，保证公司信息不会被他人恶意掠夺。

2. 反稀释条款

投资人的反稀释条款和公司管理团队的反稀释条款一样，是为了避免公司在融资时的利益受损。如果管理团队和投资人签署了反稀释条款，公司需要再融资时，可能会遇到一些意想不到的困难。

因此，对于反稀释条款，管理团队应该约定稀释限度，完全不保障投资人的利益是不可能的，但也不能完全同意投资人的要求。如果投资人的股权后续不稀释，那么被稀释的就只能是原始持股的管理团队了。

管理团队应该权衡利弊，与投资人协同磋商，一个比较折中的做法就是原始管理团队要求投资方的所有可转换债权与普通股同样计算，这样当公司以较低价格增资扩股时，原始管理团队的股份不会被稀释太多。

3. 对赌协议

投资方与融资公司原始持股的管理团队签订对赌协议是目前常见的融资方式。

签署对赌协议本身并没有太大问题，但投资人往往比管理团队有更强的市场分析能力，看得更多、看得更远，由投资人主导拟定的协议目标，管理团队往往是难以完成的。因此，公司不要贸然签对赌协议。

曾在中国乳酸菌饮料行业占据龙头地位的太子奶集团，正是因为签署对赌协议，却没有达成对赌目标，最终走向了破产。太子奶在冲击上市的过程中，引入了英联、高盛和摩根士丹利等投资方，并与投资方签订了对赌协议。

根据对赌协议规定，太子奶要在三年时间里保持 50% 以上的业绩增长速度，这样它便可以对投资方的股权比例进行调整；如果太子奶的业绩增长速度达不到 30%，创始人就会失去对公司的控制权。

在签署对赌协议之前，太子奶的业绩在十年时间里实现了 100% 的复合增长率，以这一数据来看，想要达到对赌协议的要求并不困难。就这样，太子奶拿着从投资方那里获得的 7 500 万美元的资金开始疯狂扩张，但不到三年时间，太子奶的资金链出现了问题。对赌期限还没到，太子奶便已陷入严重的债务危机之中。

眼见实现对赌协议目标已然无望，双方只得提前履行对赌协议的约定，太子奶创始人出让了自己的全部股权，太子奶也由此走向了衰落。

一旦决定签署对赌协议，管理团队要审慎地判断该协议是否是投资方所设的陷阱，判断自己是否有绝对的把握完成协议中的任务，综合整体市场环境分析协议内容的可行性等，只有这样，才能保障自己的利益。

第十三章　股权管理中的法律风险与避险

● 第一节　股权管理中的合法合规问题

股权是公司的股权，股权管理的法律问题，首先是公司构成和行为是否合法。

从法律层面上讲，我国公司的构成和行为受《公司法》《证券法》等法律法规管理，而在公司的构成上，最为显著的法律问题便是出资人问题。

1. 出资人的身份问题

对于自然人持股股东来说，自然人身份的合法合规是公司构成的基石，如果不具备持股人资格的自然人成为公司股东，必然是会引起后续的法律问题，这类情况包括在职公务员持股、国企管理人员在同类公司持股、有竞业限制人员持股等。

除了自然人身份的合规问题之外，机构持股也存在着类似的问题，一些监管层面存在不确定性的主体，如契约型基金、信托等，他们的持股很可能招致法律问题。

2. 出资人数的合规

《公司法》规定，股份有限公司股东应在两人以上和二百人以下，且其中半数以上需在中国境内有住所；而有限责任公司则应有五十个以下的股东出资，并且全体股东认缴的出资额要符合公司章程规定。

需要注意的是，监管规则的变动可能会对出资人数的合规性产生影响，比如，一些通过有限合伙私募股权基金投资的股东，会不再被视为一个出资人，此时需要防止有限合伙的人数因超过《公司法》的规定而引发法律风险。

在我国，公司成立的方式有发起成立和募集成立两种。其中，有限责任公司只能以发起设立的方式设立，股份有限公司则二者皆可。

需要注意的是，以募集方式设立股份有限公司的，各个发起人在公司成立时要缴足其认购的股份；而以发起设立方式设立的，各个发起人只需要按照公司章程固定的时间缴足认缴股份即可。

例如，A、B、C、D、E五个人决定设立一家股份制有限公司，其中A、B、C在中国境内有住所。五人决定以募集方式设立公司，公司的注册资本为1 000万元。

募集设立要求认购人至少认购公司股本总额的35%，因此，A、B、C、D、E五人应以自有资产认购公司350万元注册资本。最终五人决定一人认购70万元，并按照公司章程缴足其认购资本。随后，他们经有关部门批准后，开始向社会公开募股。

发起设立则是公司所有股东按照比例认购公司全部股份。也就是说，若A、B、C、D、E以发起设立方式组建公司，他们必须将1 000万元全部认购完毕。

需要指出的是，虽然募集方式是股份有限公司设立的一个可选择方式，但在我国，募集设立的股份有限公司还是比较少见的，主要原因是募集设立股份有限公司需要相关部门审批，而审批的过程往往比较漫长，条件比较苛刻。

这里又出现了一个问题，那就是发起人如果没有按照公司章程缴足认购资本，在面对出资不足的问题时又该怎么办呢？

《公司法》规定，股份有限公司成立后，发起人未按照公司章程的规定缴足出资的应当补缴，其他发起人则承担连带责任。股份有限公司成立后，发现作为设立公司出资的非货币财产的实际价额显著低于公司章程所定价额的，应当由交付该出资的发起人补足其差额，其他发起人承担连带责任。

3. 虚假出资的法律问题

还有一个涉及股权管理的问题——虚假出资和抽逃出资。这两者的本质都是持股人用违法违规的方式获取经济利益，《公司法》对此也有明确的规定。

《公司法》规定，公司的发起人、股东虚假出资，未交付或者未按期交付作为出资的货币或者非货币财产的，由公司登记机关责令改正，处以虚假出资金额百分之五以上百分之十五以下的罚款。

除了罚款之外，公司股东或者发起人出现虚假出资情形的，股东或发起人应当向其他股东或发起人承担违约责任，该违约责任按照公司章程规定执行。

按照《公司法》规定，股东缴纳的股本属于法人所有，是法人财产。因此，股东的虚假出资也是对公司财产的侵权行为。公司相关机构可以按照法律规定提起诉讼，要求虚假出资的股东补缴出资并承担因其虚假出资导致的公司经济损失。

而抽逃出资是指公司股东在公司登记注册之后，将所缴纳的股本暗中收回，但仍然保留其股东身份和原有出资额的行为。

按照《最高人民法院关于适用＜中华人民共和国公司法＞若干问题的规定（三）》第十二条规定，股东抽逃出资的情形有以下几种：

将出资款项转入公司账户验资后又转出；

通过虚构债权债务关系将其出资转出；

利用关联交易将出资转出；

其他未经法定程序将出资抽回的行为。

对于抽逃出资的股东，《中华人民共和国公司法》规定的处罚如下：

抽逃出资的股东或者发起人被公司登记机关发现的，公司登记机关可以责令改正，并处以抽逃出资金额百分之五以上百分之十五以下的罚款；

股东抽逃出资，公司或者其他股东请求其向公司返还出资本息、协助抽逃出资的其他股东、董事、高级管理人员或者实际控制人对此承担连带责任的，人民法院应予支持。

债权人有权利请求抽逃出资的股东在抽逃出资本息范围内对公司债务当中不能清偿的部分承担补充赔偿责任，协助其抽逃出资的其他股东、董事、高级管理人员或者实际控制人应承担连带责任。

此外，公司其他股东可以按照公司章程对抽逃出资股东进行公司利润分配、认购新股、剩余财产分配等相关权利的合理限制。

在出资阶段之外，公司运营中的股权激励也会遇到一些法律问题，这些问题虽然不太突出，但有时也是非常致命的。

股权激励分为非上市公司股权激励和上市公司股权激励。非上市公司股权激励是较为随意的，而上市公司股权激励在我国是受《上市公司股权激励管理办法》约束的。

根据《上市公司股权激励管理办法》规定，上市公司制定和实施股权激励计划一般要经历"薪酬与考核委员会拟订股权激励计划草案""董事会依法对股权激励计划草案作出决议""独立董事及监事会应当就股权激励计划草案发表意见"等环节。只有经历了这些环节，才能够达到法律法规的要求。

除了程序上的合规外，上市公司进行股权激励还会涉及以下几个问题。

1. 股权激励要取得股东同意

公司在进行股权激励之前，要取得大部分股东的同意，而不能绕过小股东直接进行股权激励。股权是股东的一种财产权，并不是管理层或董事会的私人财产。因此，为了保证股权激励操作合规，公司在进行股权激励时，一定要通过股东会或其他方式征得大部分股东的同意。

2. 工商登记要及时变更

公司与被激励对象签订股权激励协议后，并不意味着获得股权的激励对象就成了股东。只有公司完成了工商登记的变更，激励对象才能获得合法股东身份。采用实股激励的公司要注意工商登记变更问题，以免出现股权激励操作不合规的风险。

3. 设计必要的"进入与退出机制"

设计必要的"进入与退出机制"是股权激励取得成功的必要条件，也是股权激励合理合规的重要保障。尤其缺少必要的"退出机制"，当被激励对象无法达到公司预定的激励目标时，会因为没有提前约定而无法将股权回收，从而对公司发展造成不必要的负面影响。

4. 绩效考核指标的严谨合规

建立绩效考核体系和考核方法，以绩效考核指标作为实施股权激励计划的条件，可以保障股权激励计划取得预期效果。但这并不意味着公司随意制定一套考核方法，随意确定一些绩效考核指标，就能轻松取得预想的效果。

在股权激励计划中，上市公司在设定绩效考核指标时应该做到严谨、合规。严谨是为了杜绝绩效考核指标被认为操纵的可能，合规是防止出现暗箱操作的可能。如有必要，上市公司还可以聘请专业财务顾问对绩效考核指标的规范性提出专业见解和修改意见。

● 第二节　股权管理涉及的刑事问题

刑事是比较严重的法律问题，这在股权管理中并不常见，但也因此经常被忽视。刑事无小事，无论有意还是无意，触犯刑事犯罪的代价是任何公司、个人都承担不起的。因此，对于这些问题，提前做好准备防患于未然。

1. 股权转让涉及洗钱

我国一些地区盛行创立各种轻资产公司，以商誉、个人品牌、不可量化知识产权等作为核心资产，然后通过股权的转让、交易达到非法资金转移的目的。这种行为虽然隐藏在公司运作之下，但已经涉嫌严重的洗钱犯罪。

2. 股权转让触犯非法处置查封财产罪

《刑法》规定，隐藏、转移、变卖、故意毁损已被司法机关查封、扣押、冻结的财产，情节严重的，处三年以下有期徒刑、拘役或者罚金。作为财产权的一种，股权也是法院查封、扣押和冻结的对象之一。一旦公司股东

手中的股权遭到查封、扣押和冻结，再要转让这部分股权，就会触犯非法
处置查封财产罪。

3. 股权转让触犯非法转让、倒卖土地罪

一些房地产公司在进行股权转让时，经常会附带各种土地资源的转让，
这虽属于股权范畴，但其实已经触犯了倒卖土地罪。尤其是明知在土地所
有权、使用权、使用范畴有限制的情况下，依然以股权转让的形式完成土
地流转的，更是我国执法机构打击的重点。

4. 股权转让触犯逃税罪

股权转让双方为了逃避缴纳税费，在股权转让时通常会以平价或者低
价的转让协议进行工商变更登记，由此避开税务机关的征收。这种操作其
实不是合法的避税。公司持股人以作低股价、低价转让股本的方式进行资
产转移，是很容易就被税务机关稽查到的。

一旦被税务机关稽查到，轻则补缴税款、接受罚金，重则接受司法审
判并被追究刑事责任。

5. 股权融资中的非法集资风险

根据最高人民法院《关于审理非法集资刑事案件具体应用法律若干问
题的解释》规定，违反国家金融管理法律规定，向社会公众（包括单位和
个人）吸收资金的行为，同时具备下列四个条件的，除刑法另有规定之外，
应当认定为刑法第一百七十六条规定的"非法吸收公众存款或者变相吸收
公众存款"：

（1）未经有关部门依法批准或者借用合法经营的形式吸收资金；

（2）通过媒体、推介会、传单、手机短信等途径向社会公开宣传；

（3）承诺在一定期限内以货币、实物、股权等方式还本付息或者给
付回报；

（4）向社会公众，即社会不特定对象吸收资金。

如果将上述四项内容进行归纳，不难发现非法集资具有"非法性""公
开性""利诱性"和"社会性"的特点。

一些非上市公司在资金链紧张时，经常以入股、高回报、优先购买权

等方式向公众筹措资金。如果这种行为有以上四个特点，很可能被行政机关认定为非法集资。

那么，非法集资在什么程度会被依法追究刑事责任呢？

最高人民法院规定，非法吸收或者变相吸收公众存款，具有下列情形之一的，应当依法追究刑事责任：

（1）个人非法吸收或者变相吸收公众存款，数额在 20 万元以上的，单位非法吸收或者变相吸收公众存款，数额在 100 万元以上的；

（2）个人非法吸收或者变相吸收公众存款对象 30 人以上的，单位非法吸收或者变相吸收公众存款对象 150 人以上的；

（3）个人非法吸收或者变相吸收公众存款，给存款人造成直接经济损失数额在 10 万元以上的，单位非法吸收或者变相吸收公众存款，给存款人造成直接经济损失数额在 50 万元以上的；

（4）造成恶劣社会影响或者其他严重后果的。

由此可见，我国相关法律对非法集资行为的处罚力度还是相当大的。但由于大多数非上市公司都会面临资金紧张，且对股权众筹和非法集资的认识不够，导致很多公司无意识地进行非法集资活动。对此，相关法律规定也给出了一些减缓处罚的规定。比如，法律规定那些将非法吸收或者变相吸收公众存款主要用于正常的生产经营活动，并能够及时清退所吸收资金的经营者，可以免予刑事处罚；情节显著轻微的，则不作为犯罪处理。

比如，A 公司和 B 公司同为生产类公司，2021 年因资金链出现问题，两公司分别在所在区县采取股份众筹的形式，以每股数十万元的条件向社会公开募集资金，并分别吸收资金 500 万元和 900 万元。

2021 年年初，两公司被公安机关侦查获悉，最终检察院以非法集资罪对两公司进行公诉。在起诉期间，A 公司积极配合行政机关对众筹对象进行退赔，以本金加利息的方式将股本赎回，最终被免于处罚；B 公司则串通部分集资对象抗拒侦查，在侦查阶段，公安机关又获悉 B 公司将众筹到的 900 万元中的 300 万元转做过桥贷款借给 C 公司，最终 C 公司破产使得 B 公司资金无法追回，从而造成集资对象资金损失，险些造成群体聚集事件，最终 B 公司被行政机关处罚，相关责任人也被处以刑事处罚。

那么，在进行股权众筹融资时，怎么样去降低涉嫌非法集资的风险呢？对此，筹资公司可以尽量对公司信息真实披露，并申明筹资需求和资金用途，且尽量避免以任何方式向投资人承诺在一定期限内给予回报，此外，经营者还要确定众筹对象，不要面向不特定公众，并且要将众筹人数限定在法律法规规定的人数范围内。

刑事处罚是我国现行体制下最严厉的处罚，一旦受到刑事处罚，对个人和公司的影响是不可估量的，因此，创业者在进行股权管理的时候，一定要依法办事，千万不要心存侥幸。

正当融资与非法集资的区别

图解页 **54** ｜ 正当融资与非法集资的区别是很明显的，每一个创业者对此应该有清醒的认识。

正当融资与非法集资的区别

正当融资	非法集资
正当经营	未获批准
公开透明	信息不公开
定向融资	无"投资"门槛
市场化回报	超正常回报
资金去向固定	资金去向不明

10 年来我国查处非法集资行为

2010年	2013年	2015年	2017年	2019年	2020年

◎ 解析：随着最高人民法院司法解释的出台，近些年我国司法领域对于非法集资的认定越来越严格，对于公司融资行为逐渐放宽，但这也并不意味着公司可以毫无顾忌。现阶段对于非法集资的认定，更多偏重于目的和影响。

附录:

我国司法对"对赌协议"的解释

融资阶段的"对赌"情况在国际资本市场很常见,但在我国,"对赌"还是近几年兴起的"新鲜"事物,对这一领域的管辖还处于空白。

2019 年 11 月 14 日,最高人民法院发布《全国法院民商事审判工作会议纪要》,在该文件中,首次明确地对"对赌协议"进行了简明扼要的司法解释,这给我国行政和司法机关在面对这一问题时提供了法律支持。

首先,先看一下该文件对"对赌协议"的解释:

关于"对赌协议"的效力及履行

实践中俗称的"对赌协议",又称估值调整协议,是指投资方与融资方在达成股权性融资协议时,为解决交易双方对目标公司未来发展的不确定性、信息不对称以及代理成本而设计的包含了股权回购、金钱补偿等对未来目标公司的估值进行调整的协议。

从订立"对赌协议"的主体来看,有投资方与目标公司的股东或者实际控制人"对赌"、投资方与目标公司"对赌"、投资方与目标公司的股东、目标公司"对赌"等形式。

人民法院在审理"对赌协议"纠纷案件时,不仅应当适用合同法的相关规定,还应当适用公司法的相关规定;既要坚持鼓励投资方对实体企业特别是科技创新企业投资原则,从而在一定程度上缓解企业融资难问题,又要贯彻资本维持原则和保护债权人合法权益原则,依法平衡投资方、公司债权人、公司之间的利益。

对于投资方与目标公司的股东或者实际控制人订立的"对赌协议",

如无其他无效事由，认定有效并支持实际履行，实践中并无争议。但投资方与目标公司订立的"对赌协议"是否有效以及能否实际履行，存在争议。对此，应当把握如下处理规则：

与目标公司"对赌"

投资方与目标公司订立的"对赌协议"在不存在法定无效事由的情况下，目标公司仅以存在股权回购或者金钱补偿约定为由，主张"对赌协议"无效的，人民法院不予支持，但投资方主张实际履行的，人民法院应当审查是否符合公司法关于"股东不得抽逃出资"及股份回购的强制性规定，判决是否支持其诉讼请求。

投资方请求目标公司回购股权的，人民法院应当依据《公司法》第35条关于"股东不得抽逃出资"或者第142条关于股份回购的强制性规定进行审查。经审查，目标公司未完成减资程序的，人民法院应当驳回其诉讼请求。

投资方请求目标公司承担金钱补偿义务的，人民法院应当依据《公司法》第35条关于"股东不得抽逃出资"和第166条关于利润分配的强制性规定进行审查。经审查，目标公司没有利润或者虽有利润但不足以补偿投资方的，人民法院应当驳回或者部分支持其诉讼请求。今后目标公司有利润时，投资方还可以依据该事实另行提起诉讼。

从以上法律文书中，可以解读出以下几点。

第一，我国法律对于"对赌协议"的法律效力是认可的。

这就是说，在双方公开平等情况下签订的"对赌协议"，应该具有法律效力，并受司法保护。当然，这种法律效力必须具备一个前提，即符合相关法律规定。这个相关法律，主要是指《民法典》中的合同编。

合同编规定，具有以下情况的合同应该被判定无效：一方以欺诈、胁迫的手段订立合同；恶意串通，损坏国家、集体或者第三人利益；以合法形式掩盖非法目的；损害社会公共利益；违反法律、行政法规的强制性规定；无民事行为能力人实施的民事法律行为。

由此可见，"对赌协议"本质是一种投融资双方签订的合同，这份合同的生效必须以具备法律效力为基础。

第二，投资人与融资公司"对赌"的股权回购问题，法律有了更深层次解释。

所谓"对赌"回购，是指融资公司承诺，如果若干年内达不到业绩承诺或上市，就向投资人通过股权回购的形式提供相当于所投资金的补偿；如果达到的话，则由投资人向融资公司支付现金或股权形式的奖励。

《全国法院民商事审判工作会议纪要》将减资程序作为法院认定对赌协议股权回购的前提要件，并且规定了股权回购应当同时满足以下条件：股东没有实行抽逃出资等损害公司权益的行为并符合《公司法》有限公司回购股份的各种情形。体现的法律指向是，对股权回购设置了预防性的前提，以防止公司所有者以回购之名行套现之实，避免对公司利益的损害。

第三，与融资公司"对赌"的现金补偿问题，我国法律更强调补偿的可行性。

法律规定对投资人向融资公司主张现金补偿时，法院应该予以支持，但前提条件是融资公司有可补偿的现金——利润。在没有利润或利润不足以补偿时，法院应该驳回诉求或部分支持。不过，这一规定明显对投资人过于苛刻，所以法律也给出了相关的补救措施，那就是如果今后融资公司有利润时，投资人可以依照该事实另行主张补偿诉求。

简而言之，《全国法院民商事审判工作会议纪要》在法律层面上肯定了"对赌协议"的有效性，这便给投融资双方以博弈的可能，但与此同时法律也兼顾了判决的公允和可行性，让投融资双方可以在一个相对公平公正的环境下进行对赌。至于签不签"对赌协议"，签订"对赌协议"之后对公司有何影响，则需要每一个融资公司管理者自己思量了。